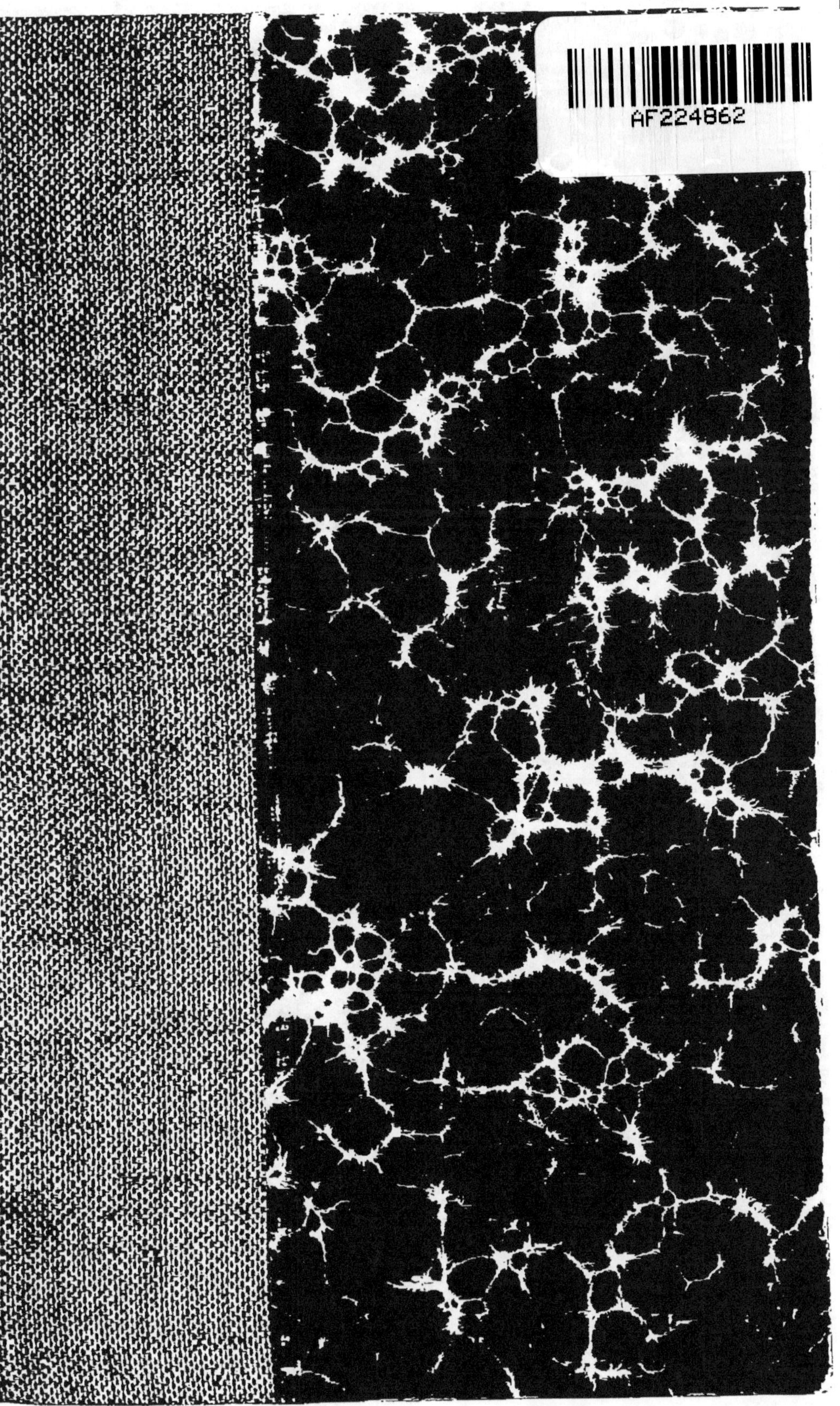
AF224862

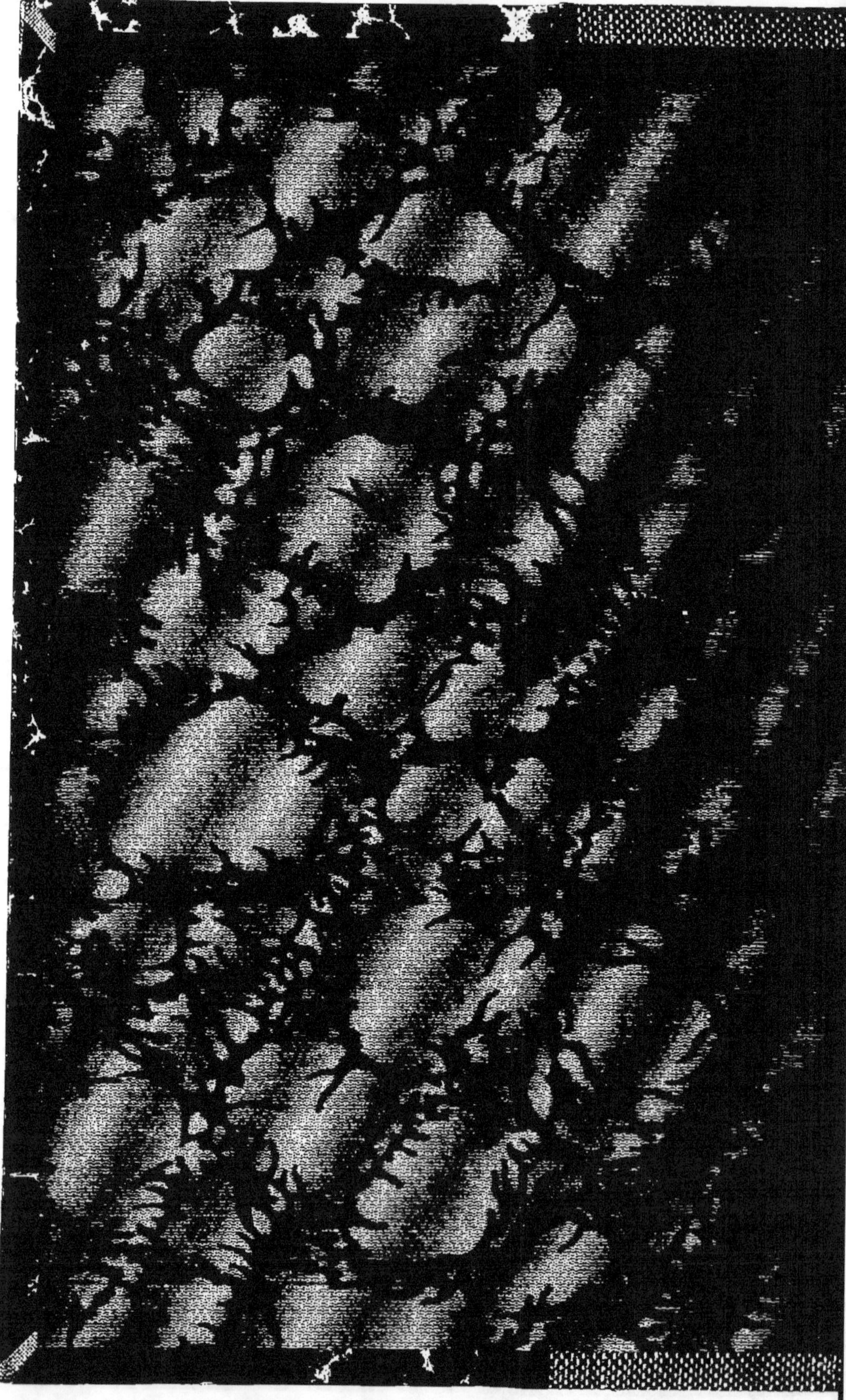

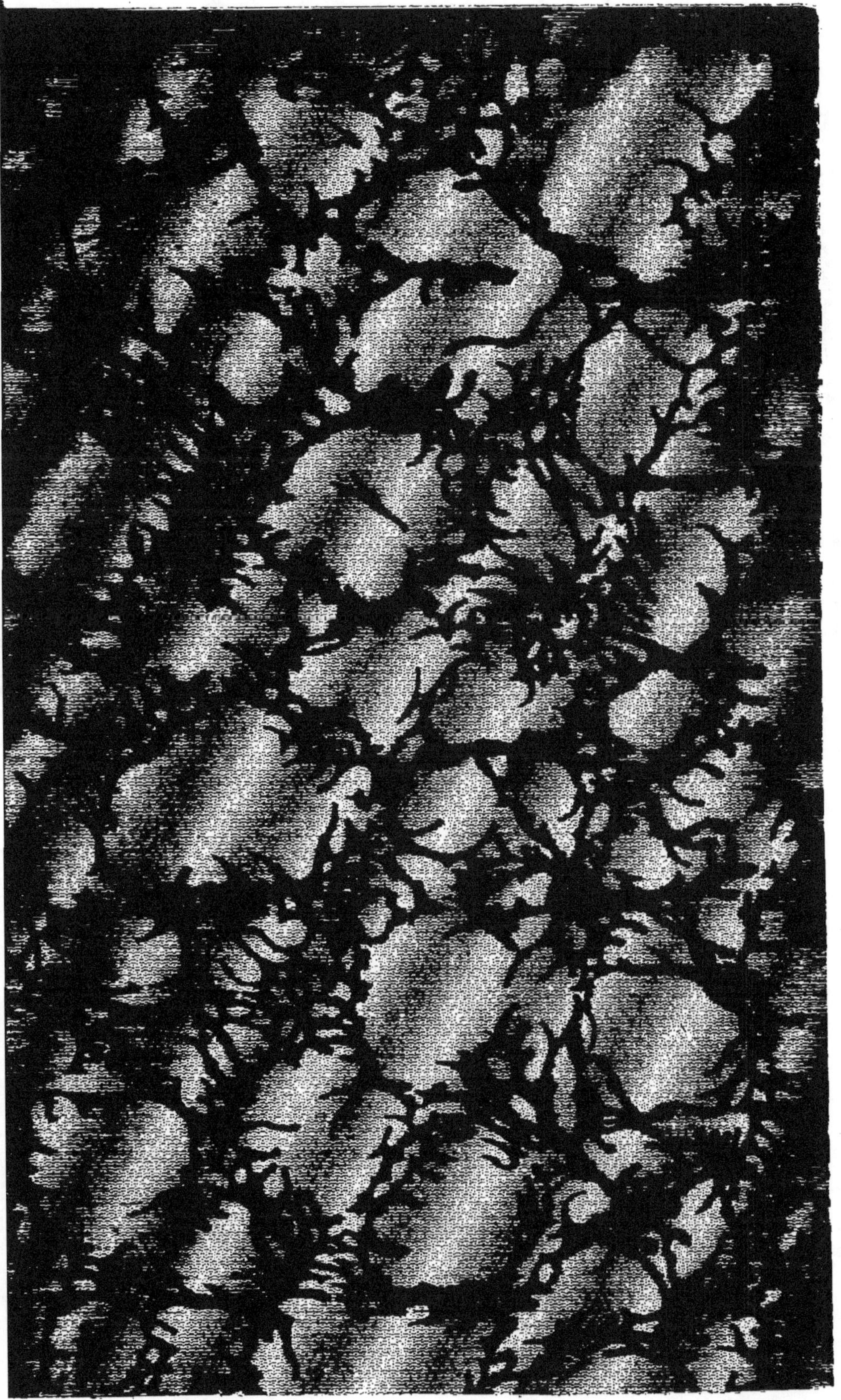

STEMPFER-REL.

TROIS MOIS

A

L'ARMÉE DE METZ

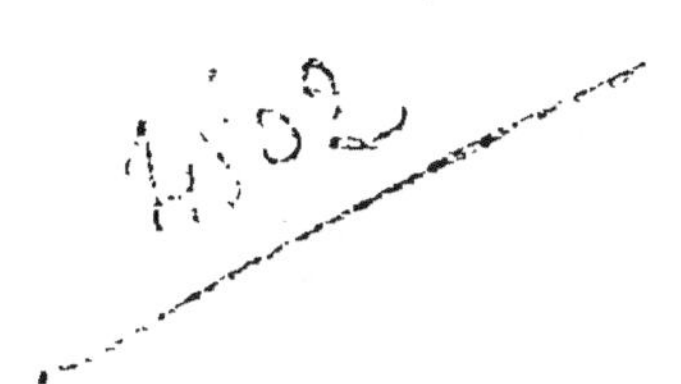

TROIS MOIS

A

L'ARMÉE DE METZ

PAR UN

OFFICIER DU GÉNIE

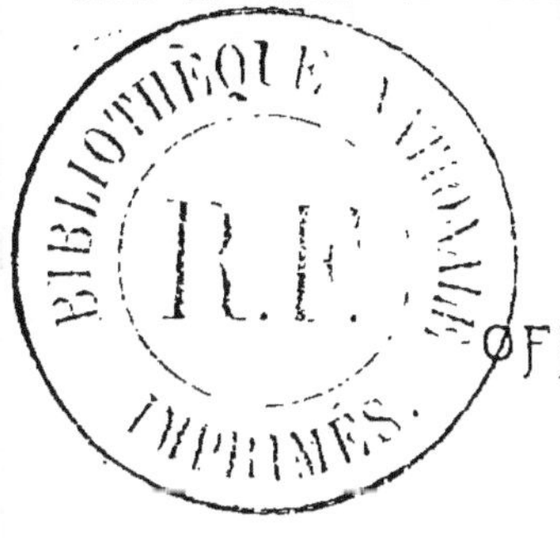

AVEC UNE CARTE DES OPÉRATIONS

DEUXIÈME ÉDITION

BRUXELLES
C. MUQUARDT

HENRY MERZBACH, SUCCESSEUR, LIBRAIRE DE LA COUR

PLACE & RUE ROYALE

LEIPZIG	GAND
MÊME MAISON	MÊME MAISON
5, KIRCHGASSE	30, PLACE D'ARMES

1871

BIBLIOTHÈQUE NATIONALE
R. F.

La guerre à laquelle nous assistons et dont
la durée se prolonge bien au delà des prévisions
annoncées à l'origine, aura plus tard ses histo-
riens. Cette guerre a passé par tant de phases
extraordinaires, l'action principale a si souvent
changé de scène, les incidents les plus inouïs
sont si souvent venus la traverser, qu'il ne sera
pas aisé de raconter toutes les péripéties de
cette terrible lutte.

Des combats importants, des batailles ran-
gées se renouvelant à quelques jours d'intervalle ; deux armées régulières divisant l'attention et l'effort de l'ennemi ; le désastre où l'une
fut anéantie, le blocus où l'autre s'épuisa
lentement ; les places fortes assiégées de tous

côtés ; les villes ouvertes traitées comme les places fortes ; la résistance inespérée de Paris, la lutte reportée sur la Loire, en Normandie, en Bourgogne et en Bretagne; enfin le dénouement de ces efforts immenses, si difficile à prévoir qu'à l'heure où j'écris un esprit sage ne saurait conjecturer de quel côté se fixera la fortune ; tels seront les éléments qu'il faudra rassembler, les différentes scènes qui composeront les actes de la grande tragédie.

C'est un de ces actes que je vais raconter. Je n'ai vu que celui là, mais je l'ai assez bien vu pour en entreprendre le récit ; ce qui m'en a inspiré l'idée, a été de relire des notes que j'avais prises pendant la campagne, sinon au jour le jour, du moins à peu près, ne les interrompant, que parce que je ne voyais rien d'intéressant à dire, ou bien au contraire parce que le temps me manquait et que nous étions soit en marche, soit au feu. En relisant ces notes, je les ai trouvées plus intéressantes que je ne l'aurais cru : elles m'ont semblé avoir ce caractère spécial d'être prises sur le vif, et de rendre fidèlement les impressions du moment. Aussi me suis-je bien gardé de les dénaturer ; j'ai seulement retranché quelques détails trop personnels, et j'ai tenu à leur conserver leur forme de *notes de campagne* avec les dates où je les prenais. On connaîtra ainsi plus fidèlement les impressions que nous causaient les évènements, les illusions même sur lesquelles nous avons eu à ouvrir les yeux par la suite.

Je ne sais si ce récit intéressera, mais ce que je tiens à constater, c'est qu'au milieu des relations fantaisistes et des exagérations qui se sont publiées depuis plus d'un mois, j'ai tenu scrupuleusement à ne pas dénaturer les faits, ni dans un sens, ni dans l'autre. Deux récits spécialement m'ont montré l'écueil à éviter : c'est d'une part le Rapport sommaire du maréchal Bazaine, de l'autre, une publication d'un M. de Valcourt, dont M. Gambetta a fait depuis son secrétaire, après l'avoir décoré. Chacune de ces pièces fourmille d'inexactitudes, et, qui pis est,

d'inexactitudes volontaires. Je veux bien de la
passion, mais je déteste la passion aveugle :
elle n'est pas honnête. Donc, j'ai raconté surtout ce que j'ai vu de mes yeux, entendu de mes
oreilles. Quand je n'ai pas été témoin des faits
que je rapporte, j'ai soin de le montrer.

Mon récit aura pourtant ce défaut : je ne dirai que la vérité, mais je ne dirai pas toute la
vérité ; je ne puis faire autrement. Si je devais
abandonner la carrière militaire, ainsi que tant
d'officiers, aigris par leur colère contre nos
chefs prétendent le vouloir faire, je pourrais
me soucier aussi peu que possible de me faire
des ennemis de gens dont la conduite m'inspire
le plus profond mépris. Mais dans la crise que
nous traversons, qui peut dire aujourd'hui ce
qu'il fera demain ? Le plus sage est de ne
prendre aucune décision irréfléchie. D'ailleurs,
si je comprends que certains esprits, honteux
du rôle qu'on a fait jouer à l'armée, ne veulent
plus porter un uniforme que l'on a déshonoré,
je trouverais cependant plus noble, plus patrio-

tique, de se dire au contraire que malheur oblige ; qu'il ne faut pas que notre juste colère reste sans fruit ; que pleurer est bien, mais que se venger est mieux, et que plus que jamais nous devons serrer dans nos mains notre épée, jusqu'au jour ou nous la purifierons de sa souillure.

Donc, je ne pourrai tout dire. Je le regrette beaucoup : j'ai vu des actes si méprisables, j'ai entendu des propos si odieux....... et tout cela restera ignoré. Mais encore une fois qu'y faire ? Pour être libre, il faudrait être placé hors de l'armée, et si j'avais été hors de l'armée, je n'aurais ni si bien vu, ni si bien entendu.

Mayence, 15 décembre 1870.

I

MARCHE EN AVANT

C'est le lundi 18 juillet que je reçus l'avis de mon envoi à l'armée. J'étais attaché à l'état-major du génie du 3ᵉ corps, et je devais me rendre à Metz dans le plus bref délai. Ce jour-là fut employé à remettre mon service. J'étais chargé de trois forts de Paris, et l'on m'eût bien étonné en m'apprenant qu'en ne partant pas, j'aurais pu rendre de bien plus grands services qu'en rejoignant l'armée du Rhin. Les jours suivants se passèrent en préparatifs de toute sorte. Le 22 au soir je quittais Paris. Sur la route, l'accueil des populations faisait vraiment plaisir. A Meaux, à Château-Thierry, on ouvrait les portières pour nous offrir des rafraîchissements auxquels nous touchions peu, pour en laisser profiter les soldats. J'ai eu depuis, bien des fois, après nos batailles, occasion de voir de semblables accueils et j'ai toujours regretté de ne pouvoir en témoigner assez de reconnaissance. J'ai plusieurs fois accepté du pain

que l'on m'offrait, et tout en courant je l'ai mangé
avec un double plaisir, parce que j'avais faim
d'abord, puis parce que je le trouvais meilleur que
du pain acheté, ce pain offert par de bons cœurs.

Le train n'allait pas très vite. A Épernay, à
Frouard surtout, la halte était longue, mais on
retrouvait des camarades depuis longtemps perdus
de vue : on causait, on fraternisait en se restau-
rant de son mieux et l'on ne songeait pas à s'impa-
tienter des retards. A 8 heures du matin, nous
arrivions à Metz.

Ce jour-là je me présentai à mon général, puis
je fis connaissance avec notre état-major. Je trouvai pour chef le colonel M***, que j'avais connu au
régiment ; de mes camarades j'en connaissais
deux ; un troisième, le plus ancien de nous tous,
m'était inconnu ; le quatrième n'était pas encore
arrivé d'Algérie.

La ville était pavoisée : à toutes les fenêtres,
aux portes, des drapeaux ; pauvres drapeaux, je
les ai vus longtemps par la suite. Leur nombre
allait diminuant toujours : pourtant on ne voulait
pas les faire disparaître, on ne voulait pas renoncer à tout espoir. Ce n'est que dans les derniers
jours du blocus que les derniers furent enlevés.

Notre départ était très prochain ; les quelques jours qui nous en séparaient devaient être employés à nous munir de ce qu'il nous fallait. Chacun de nous reçut son emploi. Je devais, moi, m'occuper de la partie topographique ; les instruments accordés par le règlement ne sont pas les meilleurs, tant s'en faut. D'après les conseils du colonel Goulier [1], je m'adressai au colonel Raymond [2] pour en obtenir d'autres *qui existaient à l'arsenal* et qui nous auraient rendu de grands services. Mais c'était peine perdue. D'après la façon dont m'accueillit le colonel Raymond, je me convainquis qu'il eût été impossible de lui arracher un porte-plume : il regardait l'arsenal comme un musée, je pense, dans lequel on pouvait trouver tout ce qui pouvait être utile, mais avec l'inscription sacramentelle : Ne touchez pas.

Il a dû depuis avoir la satisfaction de remettre à l'ennemi ses magasins admirablement pourvus.

Des objets qu'il nous fallait, j'achetai quelques-uns, les moins chers, dans le commerce ; quant aux autres, il fallut nous en passer.

---

[1] Commandant en second l'école d'application de l'artillerie et du génie.

[2] Directeur de l'arsenal.

J'avais encore à classer les très nombreuses cartes qui nous avaient été envoyées. Nous avions des cartes de toute l'Allemagne. Je dus en mettre la moitié de côté. Par contre, nous n'avions pas une seule carte de France de l'état-major. Nos ressources se bornaient à des cartes à 1/320000. Je cherchai à me procurer chez le meilleur libraire de la ville des cartes de l'état-major, mais ordre était donné de n'en plus vendre. Tout ce que je pus trouver, ce furent des réductions, au quart de ces cartes, obtenues par la photographie ; encore n'y en avait-il que quatre de ce genre, et néanmoins ce furent ces cartes de poupée qui nous rendirent le plus de services jusqu'à notre retour à Metz [1].

[1] Un officier Bavarois fait remarquer, dans une correspondance adressée au *Journal militaire* que les deux armées bavaroises, à leur entrée en campagne avaient emporté plus de cent mille cartes du bureau topographique. En outre, ces corps de troupes, à mesure qu'ils avançaient dans le pays ennemi et, à chaque nouvelle combinaison stratégique, recevaient de l'état-major des cartes détaillées indiquant la situation du moindre hameau à traverser, et ces cartes n'étaient rien moins que les cartes dressées en feuilles d'atlas au *dépôt de la guerre*, à l'échelle de 1/80,000.

L'armée d'investissement était encore en possession du plan de Paris à l'échelle de 1/40,000 ; ce plan avait été agrandi sur l'*Atlas officiel* et multiplié à l'infini.

Il faut encore ajouter à ce plan une carte donnant un

Le lundi 25, nous fûmes avertis que nous partirions sans doute le surlendemain.

Je profitai de la journée du lendemain pour aller, avec un de mes camarades, voir le fort de Queuleu, que j'avais vu sortir de terre deux ans avant, en juillet 1868. Je saluai le commandant du fort que je trouvai exaspéré : d'abord, il était mécontent de ne pas faire campagne ; mais ce qui le rendait le plus furieux, c'est que, dans un moment pareil, on enlevât le colonel S*** à sa place de chef du génie pour l'envoyer à l'armée. Il ajoutait que le moment était singulièrement choisi pour priver les forts de leur chef; qu'aucun des quatre forts n'était en état de se défendre, tous étant ouverts en un point, l'un à la gorge, comme Queuleu, l'autre sur un front, comme le St-Julien ; que les parapets étaient à peine massés, qu'en tout cas ils n'étaient pas armés : les pièces nécessaires étaient éparses dans le terre-plein bas du fort, et c'était tout ce que l'artillerie pouvait faire

aperçu général et détaillé des endroits les plus reculés, et tracée d'après l'*Atlas officiel de France*. Cette carte avait été dressée à l'échelle de 1/320,000 ce qui permit à l'état-major prussien de la distribuer au commencement de la campagne au nombre de plus de *deux millions* d'exemplaires.

de les amener là ; elle n'avait pas le temps de les monter sur les parapets, de les mettre en batterie, de percer les embrasures. Ceci se passait le 26 juillet : le 14 août, le fort recevait les premiers obus ennemis [1].

Ce n'est pas tout : les travailleurs militaires que leur tour appelait à travailler au fort, en avaient été retirés : on les avait remplacés par des soldats de la garnison de Metz qui, sous prétexte de patriotisme, se plaignaient du rôle qu'on leur donnait et profitaient de leur mécontentement pour ne rien faire, de sorte que les officiers du génie renonçaient à les faire travailler.

Le lendemain mercredi 27, à cinq heures du matin, nous étions tous réunis, avec nos chevaux, nos ordonnances et nos voitures, à la porte de l'hôtel où logeait le général. Nous montons à cheval. Nous n'avons pas fait cent pas qu'un orage,

[1] Autre détail : le jour de la déclaration de M. de Gramont, le général du génie Fournier qui, se trouvant à Paris allait revenir à Metz, demanda au général du génie Dejean s'il fallait pousser les travaux des forts et si de nouveaux fonds seraient alloués : le général Dejean lui répondit que s'il avait des fonds pour Metz il les retirerait. Le général Dejean est un des personnages les plus importants du génie. Il est depuis longtemps directeur du personnel.

qui menaçait jusque là, éclate ; à la porte des Allemands, nous nous abritons sous le porche du corps-de-garde pendant une demi-heure, puis la pluie diminuant, nous repartons. Nous devons aller camper à Boulay. Nous suivons cette route que nous reverrons si souvent plus tard, et où nous verrons tomber tant de braves officiers. Nous passons à la ferme de Bellecroix, au village de Lauvallier, à la ferme de l'Amitié, à côté du village de Noisseville. Route monotone, triste. Puis le temps n'est pas beau. A 7 heures nous sommes aux Étangs, où nous faisons halte pendant une heure. Après le déjeuner classique nous remontons à cheval. A une lieue environ, avant d'arriver à Boulay, le général m'envoie en avant m'informer du campement. Chez le maire de Boulay, où loge le maréchal Bazaine, je demande si nous devons être logés ou campés. Le maire, un homme des plus sociables, comme j'en ai tant rencontré dans cette campagne, trouva des logements pour nous tous. Le général et notre état-major, nous nous trouvons tout à côté les uns des autres et à dix pas du quartier-général.

Comme nous sommes là pour quelques jours, nous ouvrons nos cantines. La chaleur est énorme.

Après m'être étendu une heure sur mon lit, je parcours la ville. En tout autre temps, ce ne serait guère la peine. Mais le passage de l'armée transforme la ville. Des troupes à n'en plus finir. Dragons, chasseurs, cuirassiers, fantassins, canonniers, sapeurs, le pêle-mêle le plus fantaisiste : puis des généraux de tous les côtés. Pendant que je cause avec le général, le maréchal Lebœuf passe en voiture et lui serre la main au passage. On dit que l'empereur doit venir vendredi : il est vrai qu'on dit tant de choses.

Le jour suivant, le général nous donne un peu de travail. Après nous avoir réunis, il nous dit qu'il ne sait absolument rien de ce que nous allons avoir à faire. Où allons-nous? y a-t-il un plan de campagne? Il n'est pas là-dessus mieux renseigné que nous et il paraîtrait que les chefs de corps eux-mêmes en sont là; on attend les ordres de l'empereur et du major général, qui, jusqu'à ce jour, n'ont encore rien donné à entendre sur leur plan, s'ils en ont un. Dans ces circonstances, le général nous fait observer que si nous marchons directement à la frontière, soit que nous attaquions, soit que nous masquions Sarrelouis, une de nos premières opérations sera de passer la

Sarre; et que, dans ce cas, c'est une besogne qui nous revient : il nous charge donc de prendre, chacun de notre côté, tous les renseignements possibles sur les points où l'on peut passer la Sarre et sur le mode de passage à adopter.

Nous allons aux recherches, et, comme Boulay n'est pas grand, nous nous rencontrons auprès des mêmes individus pour leur demander des détails que nous rapportons ensuite au général, et que je passe sous silence puisque tout cela n'aboutit à rien.

C'est de ce jour que, m'apercevant que nous aurons quelquefois du temps de reste, je commence à prendre des notes, me promettant de les mettre au net quand j'en trouverai l'occasion.

Après le dîner, je monte à cheval avec un de mes camarades pour faire un tour dans le camp : nous suivons la route de Hargarten, nous promettant de ne pas dépasser les grand'gardes. Au bout de 2 kilomètres, reconnaissant qu'il n'y a pas de grand'gardes, nous faisons demi-tour et rentrons à Boulay. Mais notre promenade nous donne à penser : nous trouvons que le prince Charles [1] a

---

[1] *Art de combattre les Français.*

bien raison quand il dit que les attaques de nuit nous seraient très funestes, d'abord parce que nous ne savons pas nous garder et, poussons l'insouciance jusqu'à la folie, puis parce qu'aucune armée, autant que la nôtre, ne se laisse entraîner par une panique.

29 *juillet*. Ordre ce matin aux médecins de se munir de bismuth : on recommande en outre aux officiers de faire manger du riz à leurs hommes. La dyssenterie commence à se montrer. Il n'y a pas à s'en étonner. L'extrême chaleur et les grandes fatigues que le soldat a à supporter en sont la cause. Contre la chaleur il n'y a rien à faire, si ce n'est de partir d'aussi bon matin que possible pour arriver avant les heures les plus brûlantes ; quant à la fatigue, il est clair qu'on ne peut l'éviter : seulement ce qui me semble évident c'est qu'on pourrait la diminuer. Continuellement les campements sont déplacés, ce qui impatiente les hommes ; quand ils sont installés en un point, que les tentes sont dressées, les sacs ouverts et que chacun commence à pouvoir s'occuper de lui-même, tout replier pour aller recommencer à quelques cent mètres plus loin une nouvelle installation est insupportable. On se demande avec raison pourquoi ce surcroît de fatigue. Il n'est pas admissible qu'on croie par là aguerrir les hommes : les fatigues obligées y suffisent. Est-ce donc défaut de prévoyance dans les ordres donnés?

A midi, la quatrième division fait son entrée : le 44ᵉ et le 60ᵉ sont magnifiques; nous ne sommes plus ici à Paris, sur le boulevard de Strasbourg, sur le trajet peu fatigant de la caserne à la gare. Ces hommes ont déjà supporté de dures fatigues, qu'ils ne veulent cependant pas avouer. Puis vient de l'artillerie, du 11ᵉ, des mitrailleuses : effet moral excellent, mais il faut attendre les preuves. Puis le 11ᵉ bataillon de chasseurs : arrivée sur la place, la fanfare entonne avec éclat la Marseillaise : il faut avoir vu cela, il faut avoir vu ces figures noircies par le soleil, sales de la poussière de la route, se réveiller et ces yeux lancer des éclairs... Alors on se laisse aller aux plus joyeuses espérances, en voyant quelle belle armée nous envoyons à l'ennemi.

Le soir, après le dîner, j'entends pour la première fois la Marseillaise jouée par la musique militaire. Effet admirable ! Ce n'est plus la salle de l'Opéra et Mᵐᵉ Sass agitant le drapeau tricolore au milieu de l'éclat des lumières et des fleurs ; ce n'est plus M. de Girardin criant à tous les gants paille : Tout le monde debout !.... Non, pas de mise en scène : l'Hôtel de Ville modeste, très modeste de Boulay, le poste en avant du péristyle, des chevaux d'estafettes attachés de ci de là, pendant que les cavaliers montent au quartier général ; quelques charrettes chargées de foin qui passent.

Quelques centaines d'hommes entourent les musiciens : de quelles armes ? de toutes. De quels grades ? de tous. La musique entonne sans les paroles, Dieu soit loué — ce chant merveilleux, et la fièvre nous empoigne tous : l'enthousiasme passe dans tous les cœurs. Comme *variation*, la musique intercale le Rhin allemand ; les hommes ne connaissent pas cela, mais ils le connaîtront bientôt : les sous-officiers le leur expliquent ; puis avec plus d'éclat elle reprend la Marseillaise, et quand elle se tait, tout le monde de crier bis !... et encore une fois elle reprend. En vérité il faut avoir vu cela, l'avoir vu dans ce cadre modeste, pour en garder un long souvenir.

Le lendemain, nous nous préparons à partir, car nous devons aller demain à Saint-Avold. L'ordre est d'être prêt à monter à cheval à 5 heures du matin.

Dimanche 31. A six heures je me réveille, fort étonné de me trouver encore dans mon lit. J'apprends que pendant la nuit on a donné contre ordre. On ne sait plus si l'on partira aujourd'hui ; on invite seulement les officiers des divers états-majors à accompagner le maréchal Bazaine à la messe.

A dix heures, pendant que nous déjeunons, arrive un nouvel ordre : on partira à 1 heure, par la chaleur, qui est plus intolérable encore que les jours passés, et fait présager un orage. Je suis désigné pour accompagner le colonel sous-chef d'état-major qui doit établir les campements à l'avance. A onze heures, nous partons.

A deux lieues de Boulay nous voyons sur notre gauche une colonne en marche, que nous rejoignons un peu avant le village de Boucheporn ; les hommes se plaignent d'être en marche depuis le matin sans avancer, et d'être accablés par la chaleur. Malgré l'ordre donné aux colonnes de laisser le milieu de la chaussée libre, la route est tellement obstruée que nous avons très grande peine à gagner la tête pour pouvoir prendre de l'avance. A cinq kilomètres avant d'arriver à Saint-Avold, le colonel me propose de camper là notre parc et notre réserve. Sur mon observation que la réserve ne peut se trouver à une telle distance du quartier général qui l'employe constamment à des travaux de toute sorte, ce campement est abandonné pour un autre à l'entrée de la ville.

A trois heures, comme nous entrons à Saint-Avold, un orage éclate. Je me hâte de trouver des logements pour nous et à cinq heures je puis installer tout le monde.

A sept heures, nous dînons ou du moins nous faisons comme si nous dînions, comme au théâtre. Cela tient à ce que les deux ou trois hôtels de Saint-Avold sont pris d'assaut par ceux qui arrivent. En sortant de là nous faisons un tour dans la rue où nous voyons passer le général C*** dont l'air important fait dire à l'un de mes camarades qu'il joue les généraux aussi bien qu'au cirque. Nous avons eu depuis l'occasion de mieux connaître la triste nullité en tout genre de ce commandant d'une division.

Plus loin nous rencontrons le bouillant commandant F*** qui me serre fiévreusement la main bien qu'il ne m'ait jamais vu. Il nous demande si nous n'entendons pas le canon. Le fait est qu'on entend un bruit sourd... mais il est tard, la nuit tombe, le mieux est d'aller dormir.

Mardi 2 août. On a tiré hier le premier coup de canon. Le général Frossard a attaqué les Prussiens qui occupaient Sarrebrück. L'empereur, prévenu par le télégraphe, était venu de Metz le matin, avec le prince impérial. L'action, engagée à onze heures, était terminée à une heure.

Tout s'est passé à merveille : on a inauguré les mitrailleuses, qui ont été terribles. A deux reprises, un détachement ennemi, s'étant avancé sur la levée du chemin de fer, a été anéanti par quelques coups de mitrailleuses. On dit ici que le prince impérial en a lui-même manœuvré une. Ce sont là jeux de princes.

Ce qui nous contrarie, c'est de manquer de détails. Nous ne savons rien d'officiel, pourquoi? La nouvelle est depuis hier soir à Paris, bien certainement, et nous qui sommes à quelques lieues seulement de la scène, nous ne savons l'affaire que par ce qui se raconte dans la rue, et d'après le silence du quartier général, nous ne connaîtrons les détails qu'en recevant les journaux de Paris. Encore une fois, pourquoi?

Quoi qu'il en soit, le premier pas est fait : et bien qu'il ne faille pas s'exagérer la prise de Sarrebrück, qui d'abord n'est pas encore certainement pris par nous, puisque c'est une ville ouverte, il n'en est pas moins vrai, d'autre part que l'effet moral est excellent. Il est acquis maintenant que les mitrailleuses sont un engin terrible : en même temps il est à peu près admis que l'ennemi n'en possède pas, ou tout au moins qu'elles sont très imparfaites. Nous voilà donc placés dans la même situation qu'à la campagne d'Italie, munis d'engins supérieurs à ceux de l'ennemi. Il semble que dès lors les meilleures chances sont pour nous. Si ce qu'on dit de ces deux compagnies fauchées successivement est vrai, il y a de quoi démoraliser l'ennemi. La perspective d'être atteint par les balles à une aussi grande distance, aussitôt qu'on se montre à découvert, est bien faite pour décourager les plus braves soldats du monde. Enfin, qui vivra verra.

Nous voilà maîtres, en attendant des houillères de Sarrebrück, dont la compagnie de l'Est avait grand besoin et qui vont du même coup bien manquer à l'ennemi.

Le maréchal Bazaine avait emmené hier une division pour soutenir le deuxième corps au besoin. Il s'est porté à la frontière, à un kilomètre de Verden, à gauche de Sarrebrück. Il a fait tirer

une douzaine de coups de canon sur le village
pour avertir le général Frossard de sa présence.
Mais tout s'est borné à cette démonstration.

Notre général, escorté de son aide de camp et
de son officier d'ordonnance, avait accompagné le
maréchal. Nous avons bien regretté qu'il n'ait
pas désigné au moins un de nous pour le suivre,
d'autant mieux qu'à six kilomètres à peine de
Saint-Avold son aide de camp, fatigué par l'allure rapide du maréchal, avait dû abandonner
l'escorte, se sentant près de tomber de cheval, et
renoncer, à la suite de cet accident, à faire la
campagne.

Jeudi 5 août. Les bruits les plus contradictoires circulent. Hier on disait que nous allions
retourner à Boulay, aujourd'hui l'on parle de
Sarreguemines, dans le sens opposé. Ce dernier
bruit paraît plus vraisemblable, car pourquoi revenir en arrière? Au reste, en lisant les journaux
de Paris, on s'étonne moins de voir circuler en
même temps deux bruits contradictoires, à voir
comment la plupart des journalistes correspon-
dants, qui sont sur les lieux, écrivent l'histoire.
Leur plus grand souci est évidemment de faire
de la copie : la vérité vient tout à fait en seconde

ligne. Ils disent des énormités avec le plus grand sangfroid du monde. Un M. Cahun termine une *intéressante* (?) [1] correspondance par ces mots ronflants : Nous sommes à Sarrebrück. Victoire! La vérité connue aujourd'hui est que : quand, *le lendemain*, nous avons voulu entrer à Sarrebrück, nous avons été reçus par des pierres et des coups de fusil, que l'on a fait rétrograder les troupes, et que nous ne sommes jamais entré dans la ville. D'autres journaux ont dit que le troisième corps avait donné à Sarrebrück. *Pas un homme* du troisième corps n'a pris part, ni seulement assisté à l'affaire.

Ce jour là nous commençons à apprécier les services qu'il y aura lieu d'attendre de la poste militaire. Cette poste a de belles voitures attelées à quatre chevaux et portant de belles inscriptions qui paraissent promettre la clarté, et par suite, la rapidité des opérations. Les employés ont des uniformes élégants. Ceux qui sont montés le sont parfaitement : bref, tout cela paraît compris. Seulement, depuis que nous sommes ici, le seul moyen de recevoir nos lettres est d'aller les cher-

---

[1] C'est la *Liberté* du 5, qui le dit.

cher nous-mêmes à la poste. Mais les chercher, cela ne veut pas dire : entrer dans le bureau pour les recevoir d'un employé ; non, cela consiste à chercher dans un tas énorme qui nous est remis comme résultant d'un triage, mais où, en réalité, les lettres sont pêle mêle. C'est de cette façon que, trouvant le temps de retourner trois fois le même jour à la poste, je trouve chaque fois des lettres pour nous, quoique aucun nouveau courrier ne soit arrivé.

Pendant que nous nous livrons à ce travail, deux employés habillés de vert fument leur pipe, assis sur des chaises. Je leur demande comment il se fait qu'une lettre qui se trouvait dimanche dernier à Boulay, à mon adresse, parfaitement détaillée, ne soit pas encore ici. Ils me répondent qu'il y a sans doute encombrement. Je n'en doute pas. Seulement, si les choses se passent ainsi pendant que nous sommes encore en France, faisant de longs séjours, que sera-ce quand nous marcherons en avant?

A midi, il paraît décidément que le troisième corps se porte sur Sarreguemines, car une division est déjà en marche : pourquoi toujours part-elle par la plus grande chaleur? Je continue à ne pas le comprendre. La colonne est d'ailleurs pleine d'ardeur, car on dit que l'ennemi a surpris Lauterbourg et Wissembourg.

Dans un des nombreux temps d'arrêt de la colonne, me trouvant près d'une mitrailleuse, je l'examine en détail. Quel singulier engin! Avec ses vis et ses manivelles nombreuses, avec sa plaque, ressemblant bien plus à une machine-outil qu'à un canon. Combien nos grands-pères, les enrôlés de la République et les grognards de l'Empire, seraient surpris de voir leurs petits-fils demander à ces petites machines la victoire qu'ils gagnaient avec leurs vieux canons lisses et leurs naïfs fusils à pierre qui ne partaient pas tous les jours. Ce sont les progrès de l'industrie qui ont valu cela. Espérons qu'avec de nouveaux progrès *ceci* tuera *cela*.

Le soir, en rentrant à Saint-Avold pour dîner, nous trouvons la rue encombrée de troupes immobiles. C'est la quatrième division du troisième corps qui, partie ce matin de Boulay et arrivée ici à midi, n'a pas trouvé encore à camper. Les hommes, harassés de fatigue, attendant le repos depuis cinq heures, mourant de faim et de soif, se plaignent hautement de l'incurie de leurs chefs.

Qui pourrait les en blâmer et qui pourrait prétendre que c'est ainsi qu'un chef de corps dirige les mouvements de ses divisions?

Dans l'après-dîner, le général charge un de nos camarades d'aller demain faire une reconnaissance topographique des environs de Forbach. Il part dans la soirée.

Samedi 6 août. On me réveille à cinq heures : ordre de monter à cheval pour rejoindre le général. Nous partons avec lui et le colonel d'artillerie S¹ R***, pour fortifier les positions au nord de Saint-Avold. En route nous apprenons que l'ennemi est attendu par la route de Sarrelouis. Nous gravissons une petite hauteur au nord de la ville, sur laquelle est campé un bataillon. On décide d'y construire une tranchée-abri couronnant la crête. En bas du côté de la plaine, sur une sorte de terrasse naturelle, on établira une batterie. Je suis chargé de porter à notre parc, qui, dans le cas d'une attaque de ce côté, serait exposé au feu, l'ordre de se porter à l'abri, sous Saint-Avold. Je rejoins ensuite le général sur la route de l'Hôpital, examinant une éminence que l'on compte rendre aussi défensive. Tandis que nous sommes là, nous voyons à quelque cinq cents mètres le

maréchal Bazaine que nous rejoignons aussitôt.
C'est la première fois que je le vois sur le terrain :
je trouve que les ordres qu'il donne avec une
tranquillité extrême sont très clairs et très précis.
J'ai su depuis qu'on n'en pouvait dire autant de
tous les chefs. Nous avançons sur la route de
Sarrelouis. Le long de cette route, le maréchal
s'étonne de voir ses ordres non exécutés. Une division qu'il avait dit de camper à cheval sur la
route de façon à la bien défendre, au besoin, est
tout entière à gauche et assez loin. On lui répond
qu'il y a eu malentendu. Cela s'est vu plus d'une
fois.

En avançant plus loin, nous rencontrons les
postes de grand'gardes bien établis ; nous allons
presque atteindre les sentinelles avancées lorsque
le maréchal, quittant la route, se jette à droite
dans un champ. Là, tandis que, se retournant
vers Saint-Avold, il examine l'ensemble des dispositions qu'il vient d'indiquer, nous entendons
deux coups de feu : un troisième leur répond de
notre côté. On s'écrie que ce sont des uhlands,
mais dans la première surprise le maréchal crie
que l'on ne tire pas, que ce sont nos dragons envoyés en reconnaissance et qui se sont mépris en

nous voyant. La vérité pourtant c'est que quatre dragons prussiens s'étaient arrêtés à 200 mètres sur la route, et que, voyant qu'on ne les gênait point, deux d'entre eux nous avaient envoyés deux balles, après quoi tous étaient repartis à fond de train. Les chasseurs de l'escorte les poursuivirent, mais les chevaux allemands sont rapides. Maintenant, qui croira que nos sentinelles avancées, au milieu de cette petite bagarre, n'eurent pas un instant l'idée de faire feu sur ces cavaliers dont pourtant ils étaient plus rapprochés que nous, c'est à dire à moins de 200 mètres? Et qui croira encore que la grande route dont il s'agit, étant bordée de bois, nous n'avions pas un seul éclaireur dans ce bois, d'où l'on eût si bien pu abattre les dragons prussiens. C'est là que je vis pour la première fois ce que j'eus si souvent occasion de reconnaître par la suite, la sainte horreur que nous avions des bois, les regardant toujours comme bons à cacher l'ennemi, mais jamais à nous cacher nous-mêmes, et nous en défiant sans que jamais l'ennemi eût à s'en défier.

Nous rentrons à Saint-Avold tranquillement ou à peu près, mais convaincus que l'ennemi est près de nous et que nous le reverrons dans la journée.

On se hâte d'exécuter les travaux arrêtés, les pièces sont mises en batterie, mais la journée s'avance sans rien de nouveau : le soir on n'a toujours pas de nouvelle de l'ennemi. Rentrés dans la ville, à huit heures du soir nous voyons des habitants de l'Hôpital, village situé au Nord de Saint-Avold, à 500 mètres de la frontière. Parmi eux un jeune homme que l'on nous dit plus tard être un des fils de Pereire, nous apprend que, dans la journée, il est venu seulement un escadron de cavalerie à Carling ; que, depuis plusieurs jours, connaissant les heures de nos reconnaissances, *qui sont toujours les mêmes*, ils sont venus dans le village au moment où ils le savaient libre, et qu'ils sont repartis ensuite.

Notre camarade M*** revient de Forbach. Il sait des nouvelles autrement importantes. En revenant de chez le maréchal, qui l'avait d'abord demandé, il nous raconte qu'une terrible bataille s'est livrée à Forbach : que, à la suite de son succès de Sarrebrück, le général Froissard, étonné d'être laissé seul en avant dans une position dangereuse, apprenant d'ailleurs que l'attaque sur Sarrebrück avait eu pour résultat d'attirer sur lui des forces ennemies supérieures, avait dû se replier sur For-

bach : mais que dans la journée il avait été attaqué par des forces de beaucoup plus nombreuses,
qu'il avait conservé ses positions, mais non sans
perdre beaucoup de monde et qu'enfin à cinq heures,
l'issue du combat ne pouvait être connue encore.
M***, en traversant la ville, avait vu la rue encombrée de blessés d'un côté, tandis que de l'autre
montait au galop l'artillerie de réserve qui allait
prendre position.

En nous promenant nous allons au général qui
ne nous apprend rien de plus pour le moment et
nous donne l'ordre d'être à cheval le lendemain
à trois heures. Nous devons quitter Saint-Avold.

Dimanche 7 août. A l'heure dite nous sommes
à cheval, mais nous sommes les seuls. Il ne fait
pas jour encore, et nos chevaux sont les seuls
dont les pas retentissent dans le silence. Sur la
place où loge le maréchal nous mettons pied à
terre et nous attendons. Quatre heures, cinq heures
sonnent, les autres états-majors arrivent, mais
son excellence ne paraît pas. A sept heures seulement le maréchal passe, se rendant à la gare. On
parle de l'arrivée de l'empereur, auquel on a déjà
préparé une maison particulière. J'entends de
nouveau, mais plus haut cette fois, des propos

que j'avais déjà entendus à Boulay. On dit que l'empereur a fait preuve en Italie de trop peu de capacités militaires, pour pouvoir diriger la campagne, et que le maréchal Lebœuf ferait bien mieux de l'emmener à Paris, en remettant à Mac-Mahon et à Bazaine le commandement des corps d'armées concentrés sous leurs mains.

Un peu plus tard, nous voyons arriver de la gare le maréchal Bazaine avec le maréchal Lebœuf. On tient un grand conseil. Le général Bourbaki, arrivé tout à l'heure de Boulay, le général Favé, aide de camp de l'empereur, plusieurs autres généraux que nous ne connaissons pas viennent y prendre part. La discussion est longue, et cela se comprend. Enfin, l'ordre vient de débrider les chevaux, mais de ne pas décharger les voitures, le départ étant imminent : ce qui n'empêche que la journée se passe dans l'inaction : journée longue, lourde. Le soir le général nous apprend que les nouvelles officielles sont les suivantes : le général Frossard, repoussé à Forbach, a dû se retirer sur les hauteurs. C'est le premier échec et l'impression est pénible. Mais, ajoute le général, il y a une brillante compensation : le maréchal Mac-Mahon a remporté une grande victoire près de Haguenau, on n'a pas encore de détails, on sait seulement que nous avons fait 15,000 prisonniers.

Quand depuis nous avons su la triste vérité, quand nous avons vu qu'à Paris la même fausse nouvelle avait été répandue à la bourse et que, pour calmer l'irritation terrible qui se produisit quand la vérité se fit jour, l'avocat Ollivier, le chef du cabinet *des honnêtes gens* avait prétendu que l'auteur de la fausse nouvelle était arrêté, sans qu'on en entendît jamais parler ensuite, nous avons compris que tous ces mensonges étaient répandus par l'ordre de ces honnêtes gens qui mentaient sans doute le cœur léger. Que l'on n'oublie pas cela, et que l'on ne dise plus que le ministre qui voulait voir tous les jours le mot de justice apparaître à ses yeux était un honnête imbécile ; imbécile, j'en conviens mais honnête non pas.

Quoi qu'il en soit ces nouvelles nous remplissent de tant de joie que nous allons dîner gaîment. Pendant le repas nous entendons les propriétaires de la maison où nous sommes causer à la porte, dans la rue. Ils se lamentent et racontent que nous avons perdu 10,000 hommes près de Niederbronn et que Mac-Mahon a été battu. Nous, tout confiants, nous courons leur dire qu'ils se trompent, que c'est tout le contraire. Nos paroles paraissent les calmer un peu, sans pourtant leur rendre toute confiance. Depuis j'ai bien souvent pensé que ces braves gens devaient bien nous mépriser pour les mensonges que nous leur avons débités : ils ne savent pas que les premiers trompés c'était nous mêmes.

Dans la soirée, nous entendons encore demander par des habitants de Saint-Avold pourquoi les divisions Castagny et Metman, se trouvant hier tout près de Forbach, dont elles entendaient la canonnade ne s'étaient pas portées au secours du deuxième corps. Cette question restera toujours indécise pour moi, ne sachant pas si l'immobilité de ces divisions devait être attribuée à la négligence de leurs généraux ou à la recommandation venue d'en haut de ne pas marcher sans ordre. Ce fut là un des premiers exemples du manque d'appui des corps d'armée entre eux qui firent demander plus tard si les chefs de corps n'étaient pas avant tout préoccupés de la crainte de voir un collègue remporter un succès.

L'ordre est donné d'être prêt demain à cinq heures à quitter Saint-Avold. Mais dans quel sens?

Avec les nouvelles qu'on nous a données, nous devions marcher en avant, au Nord ou à l'Est. Cependant on dit que nous allons à Bionville, en retraite sur Metz. Pourquoi marcher en retraite si notre armée est victorieuse à l'Est? C'est à n'y rien comprendre. En outre, depuis deux jours, aucun courrier n'est arrivé de Paris. Hier on n'a rien dit, mais aujourd'hui l'on a commencé à murmurer en disant que ce retard n'était pas accidentel, mais ordonné. Que l'on y prenne garde : c'est une mesure bien grave que d'arrêter les correspondances, et le jour où il sera prouvé que cette mesure est prise pour nous cacher les événements qui se passent loin de nous, ce jour-là notre confiance sera bien ébranlée.

II

EN RETRAITE

Le lendemain 8 août, nous étions prêts à
l'heure dite, mais encore trop tôt, car à sept
heures seulement le maréchal montait à cheval.
L'ordre m'est immédiatement donné d'accompagner les bagages et de rejoindre ensuite le quartier général, mais où? à Bionville peut être, mais
cela n'est pas sûr. Enfin, je me mets toujours en
route : nous marchons en retraite, cela est certain maintenant, et comme nous n'avons toujours
pas sur le sort de Mac-Mahon d'autres nouvelles
que l'annonce officielle d'hier d'une grande victoire, ce mouvement de retraite reste toujours
aussi peu clair. Mais on se dit tout bas que le
courrier de Paris est intercepté; on ajoute qu'il
y a des troubles à Paris et que l'impératrice est
à Metz. Tout cela jette un froid.

Quelques-uns assurent que nous rentrons à
Metz, mais pour nous porter aussitôt à Thionville, menacé par l'ennemi. La vérité pourtant,

que nous apprîmes plus tard, était que dans le conseil tenu la veille à Saint-Avold par le maréchal Lebœuf, on avait reçu l'ordre de l'empereur de battre en retraite. Dans le conseil du grand quartier général, tenu à Metz, le maréchal Lebœuf avait été d'avis de se replier sur Nancy ; mais le général Coffinières avait demandé qu'on se retirât dans le camp retranché de Metz pour se porter ensuite sur Verdun et de là à Châlons. Son opinion et les raisons dont il l'appuyait avaient décidé l'empereur qui avait adopté sa proposition.

Plus tard on est souvent revenu sur cette question, et des officiers généraux ont avancé cette opinion que si le maréchal Lebœuf a eu peu d'idées heureuses pendant cette campagne, cependant celle qu'il avait émise en ce cas aurait sauvé l'armée, que la jonction avec les corps que commandait Mac-Mahon eût été promptement opérée, et que tout changeait dès lors. Cela est possible, mais cela n'est pas sûr. Les partisans de l'autre plan pourraient répondre avec justesse que si l'armée s'est trouvée enfermée à Metz ce n'est pas parce qu'on avait choisi cette vaste place pour point de retraite, mais parce qu'on perdit un temps précieux avant les trois journées de bataille, et encore que l'on ne sut pas profiter de ces batailles qui ne furent considérées par l'ennemi comme des succès que longtemps après. De fait, ce que demandait le général Coffinières, c'était que l'on traversât Metz de façon à pouvoir y laisser assez de défenseurs pour les forts, et ce qu'on pourrait abandonner des approvisionnements.

Mais il ne pouvait supposer alors que le triomphe de son plan aurait pour résultat d'immobiliser quatre corps d'armée sous la protection de la place. D'ailleurs ceux qui soutiennent qu'en marchant sur Nancy on aurait rallié les corps de Mac-Mahon sont-ils sûrs de ce qu'ils avancent? Il est toujours facile de raisonner sur des hypothèses pour combattre des faits accomplis.

Mais à voir combien la retraite sur Verdun a été lente, pénible, soumise toujours à des accidents dus à l'imprévoyance, peut-on affirmer que nous aurions su éviter par Lunéville et Nancy l'ennemi qui, toujours à l'affût, toujours renseigné sur nos marches, nous coupa la route de Verdun?

La colonne des bagages se met en marche :
elle suit d'abord la route de Metz, puis prend à
gauche la route de Faulquemont. Nous passons
au village de Trittelingen, puis, à neuf heures,
nous arrivons à Faulquemont. Le prévôt du troisième corps, qui commande le convoi, ne paraît
pas savoir au juste, une fois là, ce qui lui reste
à faire. Il est très occupé à faire ranger les voitures sur le côté de la route, sans pouvoir dire
si l'on s'arrêtera là ou si l'on ira plus loin.

Au bout d'une heure d'attente, comme le maréchal n'arrive pas, je prends toujours, pour plus
de sûreté, des billets de logement. La journée se
passe longue et ennuyeuse; on ne sait toujours
à quoi s'en tenir. J'admire là avec quelle facilité
courent les bruits les plus étranges. On me dit
que notre chef d'état-major, le colonel M*** est
tué; comme je l'ai quitté il y a quelques heures
j'ai peine à y croire : en recherchant le premier
auteur de ce bruit, il se trouve que le colonel n'est
pas tué, mais seulement blessé, et encore légèrement, car c'est seulement par sa selle.

Le soir, à sept heures, pendant que je vais voir
où est campé notre réserve, l'état-major arrive.
A mon retour au village, je retrouve mes cama

rades à table. J'apprends que le maréchal a tenu
à surveiller lui-même la retraite de ses divisions.
Un détail comique de cette retraite : à un moment on vit, venant sur nous, à grande distance,
un corps marchant par sections en si bon ordre,
que l'on s'écria : « Ce sont les Prussiens ! il n'y a
qu'eux pour manœuvrer ainsi. » Vérification
faite, c'était la division Castagny qui se re-
pliait.

Quand les troupes eurent quitté Saint-Avold,
nous mîmes le feu à un magasin aux fourrages
où l'on avait réuni des approvisionnements de
sucre et de café qui n'avaient pu être évacués
ni par le chemin de fer ni par la route de Metz.
Ce furent nos adieux à nos pauvres compatriotes,
que nous livrions à l'ennemi.

Ces approvisionnements étaient peu de chose ;
nous laissions seulement encore entre les mains
du maire trente ou quarante mille shakos et cinquante mille demi couvertures de campement.
Dans sa sage prévoyance, l'empereur, après avoir
imposé le shako aux hommes, avait tout à coup
changé d'idée : on avait dû les verser tous à la
mairie. Pour les demi couvertures, les hommes
n'ont jamais compris pourquoi on les leur reti-

rait. Elles ont dû être d'un grand secours aux Prussiens qui, par contre, ont dû ne pas comprendre tout de suite le motif de cet amas de coiffures militaires chez le simple maire de Saint-Avold.

Comme on dit que l'ennemi est proche, et que nous pouvons avoir des alertes cette nuit, nous nous couchons en toute hâte.

Mardi 9 *août*. Nous nous levons à cinq heures. Le général, appelé chez le maréchal hier, à onze heures du soir et ce matin à quatre heures, reçoit l'ordre de faire fortifier certaines positions. Il charge trois d'entre nous de rendre défensive une ferme située au delà du village. Quant au quatrième, il reçoit l'importante mission de coller sur toile une carte de l'état-major (*sic*). Nous allons d'abord examiner la position : en arrivant à la ferme nous rencontrons le commandant G*** prévôt du corps. Il nous explique que lui aussi a été chargé de faire la reconnaissance de la ferme et qu'il a là, dans son carnet, tous les renseignements désirables; ferme de . . ., canton de Gros-Tonquin, arrondissement dudit. . . . . Là dessus il nous quitte, sans doute pour porter au maréchal ces renseignements précieux.

Nous allons ensuite chercher à la réserve les hommes et les outils nécessaires. On leur fait commencer à créneler la ferme et à établir en avant une tranchée-abri quand, à neuf heures, notre camarade M***, qui a été à la recherche du maréchal que l'on voyait passer tout à l'heure à quelque distance, revient dire d'arrêter le travail. Il nous dit que l'empereur est au camp.

Nous rentrons à Faulquemont, et là nous apprenons qu'il faut bien vite charger les bagages pour s'apprêter à partir. Nous fermons donc à la hâte les cantines. Je vois passer l'empereur en voiture, accompagné du maréchal Lebœuf et du général Changarnier. Le silence règne sur son passage. A la gare seulement il est acclamé : un peu après, nous voyons passer le train qui l'emmène : c'est le dernier train français. La section de chemin de fer, de notre réserve, est occupée à couper la voie en avant de la gare : dans le remblai elle a fait une tranchée où l'on précipite une locomotive. Le pont sur la Nied allemande, à quatre cents mètres de la gare, doit être coupé ensuite.

L'ordre dit d'être prêt à midi. Nous déjeunons à la hâte et à l'heure dite nous montons à cheval.

Le temps, sombre et gris depuis le matin, se met
à la pluie : nous allons attendre le maréchal
devant la maison qu'il occupe. Dans la rue,
étroite, passent au trot, quelquefois même au
galop, les voitures du convoi, retentissant sur le
pavé ; le maréchal paraît, et nous partons aussitôt
dans une allure aussi désordonnée, comme si
l'ennemi était tout proche et la fuite notre seul
salut. Le temps sombre, la pluie fine qui nous pé-
nètre, le fracas des voitures, les cris des conducteurs, jusqu'à la vue d'un cheval mort qui obstrue
la rue déjà assez étroite, tout cela me jette dans
une tristesse profonde : ce spectacle me laissera
longtemps le souvenir d'une véritable débâcle.
Pendant que je suis au grand trot l'état-major,
l'ordre m'est donné de faire entrer notre parc dans
le convoi et ensuite de rejoindre le maréchal,
mais sans que le général puisse me dire où, ne le
sachant pas lui-même ; après tout, je n'y puis
rien.

Je me détache donc de l'escorte, et, après avoir,
en passant, transmis l'ordre, je cherche à gagner
la tête du convoi. Au bout d'un quart d'heure
environ l'allure devient heureusement plus calme.
La route longe des bois que nous avons la pré-

tention de surveiller ; seulement, comme toujours, les hommes sont à plein découvert, hors des bois, et toujours lui tournent le dos pour nous regarder passer. Quand le bois s'éloigne de la route, on voit encore sur son bord, dans les champs, quelques postes et les faisceaux formés. Il est clair que voilà le convoi bien gardé.

Sur les côtés de la route, nous trouvons échelonnées la première et la troisième division, qui doivent se mettre en marche après les bagages. Je me trouve un moment à la hauteur des voitures des postes. Je vois l'intérieur de l'une d'elles ; des casiers et des sacs portent les inscriptions des différents services : quartier-général, artillerie, génie, etc. Je ne vois pas une lettre dans ces casiers, mais dans l'un du pain, dans l'autre une bouteille entamée, puis d'autres harnais de gueule. Derrière elle j'admire plusieurs de ces messieurs: bottes molles, vestons verts fendus sur les manches et boutonnés d'argent; les chevaux sont jolis, les cavaliers encore plus. Dommage seulement qu'ils aient peu connu leur service.

Nous sommes en marche depuis plus d'une heure, quand le colonel d'état-major Boyer, me montre sur une crête, à un kilomètre ou deux sur notre gauche, trois groupes, dont un de cavaliers. Ces derniers marchent au pas et observent. Les autres, plus en avant, sont immobiles. Sur les flancs du coteau qui nous en sépare on voit un cavalier, entièrement à découvert, dans les champs, près d'un petit village dont les habitants, étonnés, sont sortis pour le regarder. Lui, observe longuement. Il n'y a pas à s'y tromper, c'est l'avant-garde ennemie. Sur la crête un des groupes, immobiles jusque là, se met en mouvement et disparaît ainsi que les autres : le cavalier remonte à mi-côte, observe de nouveau, puis remonte sur le plateau et disparaît à son tour.

Le convoi avance bien lentement. Le commandant de gendarmerie G***, prend au sérieux son rôle de chef de convoi; mais quand on s'arrête, il a beau commander escadron en avant (*sic*), les chevaux des voitures régimentaires, qui ne connaissent sans doute pas l'école d'escadron, n'en avancent pas plus vite. Les accoups sont nombreux et, après des haltes courtes et sans motifs, les voitures sont obligées de prendre le trot, non sans fatigue pour les bêtes et leurs conducteurs.

Vers quatre heures, nous rejoignons la route

de Metz à Dremy, par laquelle file une longue colonne. C'est le deuxième corps qui revient de Forbach. Nouvelle complication. Nous le coupons et il nous coupe alternativement, de façon à augmenter le désordre s'il est possible. Si les divisions qui ferment notre convoi s'y retrouvent, elles seront habiles.

Un peu après le village de Remilly, où vient de s'installer l'état-major du deuxième corps, nous quittons la grande route pour des chemins de traverse abominables. Dans deux villages, à Berlize et à Maizeroy, il faut attendre plus d'une demi-heure que les voitures aient pu monter la côte. C'est alors seulement que nous apprenons que nous allons à Pont-à-Chaussy : jusque là personne ne savait où l'on s'arrêterait. J'avais bien en route entendu quelques capitaines d'état-major dire d'un air important qu'on allait ici ou là : mais, malgré cela, ils ne savaient rien, et leurs renseignements étaient faux.

Dans ces petits villages que nous traversons, nous voyons une émigration en masse. De longues charrettes, attelées de deux et même de quatre chevaux, sur lesquelles sont entassés des lits, des chaises, des ustensiles de cuisine, et, pêle-mêle, au milieu de cela, jusqu'à dix et quinze êtres vivants : des hommes, des vieillards, des femmes, des enfants, l'air abattu. Ils fuyent parce que l'on dit que les Allemands prennent partout les jeunes gens et les incorporent dans leur armée ; je ne crois cependant pas ce bruit fondé, bien que je l'aie déjà entendu dire par plusieurs bandes de jeunes gens à Faulquemont, qui avaient abandonné leurs villages à l'approche des Prussiens. En tout cas, le spectacle de cette émigration n'est pas gai. L'air étonné des enfants, l'air hagard de quelques vieillards avancés en âge, ce désordre, ce pêle-mêle, la précipitation de leur fuite, tout cela est fort triste à voir.

A sept heures et demie, nous approchons de la route de Metz à Sarrebrück, sur laquelle s'avance tout le gros du troisième corps. Je distingue même notre général et notre état-major, que je rejoins. A Pont-à-Chaussy, où nous devons nous arrêter, nous passons la Nied française. La nuit vient. Nous pensons que nous allons camper, mais point : le général reçoit l'ordre d'aller de suite reconnaître l'emplacement des divisions. Dans un quart d'heure on n'y verra plus clair, d'ailleurs les divisions ne sont pas encore toutes arrivées, puisque deux sont à la queue du convoi des bagages et qu'elles ont eu de plus à se retrouver au milieu du deuxième corps, qu'elles ont dû traverser.

Bref, un pareil ordre est insensé ; aussi, au bout d'un quart d'heure, le général revient : nous nous installons dans une ferme abandonnée, gardée seulement par deux domestiques, qui nous donnent ce dont nous avons besoin, mais en ayant l'air de céder à une violence que nous n'avons guère idée de leur faire. Quand nous leur achetons des œufs et des poules, ils n'ont pas l'air de croire que nous les payerons : ils finissent cependant par s'en convaincre.

Nous nous établissons dans une grande chambre où nous installons nos lits. Quant au général, il tient à dresser sa tente et à y coucher à dix pas de la maison : au reste le lendemain, comme il pleuvait, il vint s'établir dans une chambre au-dessus de nous.

C'est ce soir-là que l'aide de camp du général, ayant reçu la permission de rentrer à Metz, partit immédiatement, en oubliant, dans sa précipitation, de nous faire ses adieux.

A dix heures, notre parc n'étant pas arrivé, le

général me fait appeler. Je lui dis que ce retard n'a rien d'étonnant avec la longueur de notre convoi et les complications de la route : qu'il a bien pu rester en chemin, et qu'il nous retrouvera demain sans doute.

Mercredi 10. Le matin, le général nous emmène tous faire une reconnaissance des divisions. Comme personne ne sait bien au juste l'emplacement de chacune, nous allons un peu à l'aveuglette. La première division, qui suivait les bagages, s'est perdue, elle est à Pange, à 4 kilomètres de nous. La troisième, plus habile est arrivée fort avant dans la nuit. Pour elle on décide de faire des tranchées abris couronnant une hauteur qui domine la vallée de la Nied française, au bord des vignes qui occupent le coteau. Des tranchées-abris au bord d'une vigne, c'est bien un peu bizarre, mais enfin nous commençons à nous y faire. Plus loin, nous trouvons la deuxième division ; elle s'étend parallèlement à la Nied, couverte par cette petite rivière et par de nombreux bosquets de bois. Cela n'empêche qu'on lui fait faire aussi des tranchées; comme explication le général dit qu'il faut remuer de la terre pour faire plaisir au maréchal. Du moment que la question en est là il n'y a plus rien à dire. Au surplus, si le maréchal aime à voir remuer de la terre, il doit être satisfait de l'aspect du camp. La maraude, que l'on n'avait pas encore vue, s'organise en grand. Les champs de pommes de terre sont retournés en entier. Un soldat à qui M*** fait des reproches lui répond que les pommes de terre sont si dures à arracher qu'elles ne sont pas volées. Nous notons le mot en passant.

Nous continuons notre utile tournée. Vers 9 heures, à de grands cris qui s'élèvent sur la route de Metz, aux acclamations des soldats de la garde nous voyons que l'empereur arrive. Il se rend au château de Pont à Chaussy, auprès du maréchal.

A 10 heures nous rentrons, mais l'ordre étant donné de laisser les voitures chargées, nous nous installons pour déjeuner en plein air, au bord de la route, à l'entrée de l'allée du château. Nous voyons arriver le général Bourbaki. Comme nous commençons à manger, nous voyons, au fond de l'allée, paraître la voiture de l'empereur. Nous nous levons et nous saluons en silence. Le maréchal Lebœuf est avec l'empereur, ainsi que le général Changarnier.

L'après-midi se passe à attendre l'ordre de départ, qui n'arrive pas. Nous voulons au moins écrire, mais il n'y a pas de poste : elle est on ne sait où, mais pas au quartier général. Depuis vendredi dernier, il n'y a pas eu de distribution.

Le pont sur la Nied est rendu défensif. On prépare une barricade pour le fermer en un instant, s'il le faut. Les maisons aux abords sont crénelées. Le commandant F*** toujours trop impétueux, chargé de ce travail, propose au général de faire sauter le pont. Mais le général lui fait observer que n'ayant pas de poudre, ce n'est pas chose aisée : d'ailleurs nous avons des bataillons sur l'autre rive de la Nied.

Pour nous distraire, nous assistons aux interrogatoires que le prévôt du corps fait subir aux nombreux paysans qui viennent demander à passer sur le pont. Le commandant G*** déploye à cette occasion des effets d'éclats de voix et de froncements de sourcils dignes d'une séance de procès criminel. Il a même la bonne fortune de mettre la main sur un soldat de la réserve qui n'a pas voulu rejoindre et sur lequel il s'en donne à cœur joie. Il finit, à bout d'éloquence par le confier à un gendarme, auquel il dit qu'il en répond sur sa tête. Le gendarme s'incline terrifié, le réfractaire aussi.

Cependant la soirée s'avance et la pluie commence à tomber. On est enfin averti qu'on ne partira pas aujourd'hui. Nous rentrons donc à notre ferme.

C'est alors seulement que nous apprenons le désastre de Woerth, et comment ce n'est pas nous qui avons fait 15,000 prisonniers. Quelque triste que soit la vérité, il est étrange qu'on nous ait laissés si longtemps dans l'erreur où nous ont mis les mensonges officiels de dimanche dernier. Cette retraite, cette fuite plutôt s'explique, mais nous ne croirons plus en nos chefs.

A 3 heures du soir enfin notre parc arrive. On s'explique : le parc a suivi la première division, qui s'est perdue. Comme il est tard et qu'il pleut, l'explication est courte, et l'on s'occupe du campement. Le soir, la pluie se change en une averse épouvantable qui doit terriblement inonder les tentes-abris. A 9 heures, nous dormons tous. A minuit l'ordre vient de charger les voitures à 2 heures du matin.

Jeudi 11. A une heure nous nous levons pour plier et charger nos lits. Au dehors le temps est affreux : toute la nuit il a plu averse : la cour de la ferme est devenue une mare. Les voitures parties, nous devons monter à cheval à 4 heures. Il faut tuer le temps jusque là. Assis sur des chaises, nous achevons notre nuit, quand, à 3 heures, on frappe au volet. C'est le commandant d'artillerie J***, qui vient nous dire de monter aussitôt à cheval et de rejoindre le maréchal. Un corps ennemi important est signalé. Nous nous rendons de suite au pont sur la Nied. La pluie a cessé. Un régiment de dragons est envoyé de l'autre côté en reconnaissance, tant pour signaler l'ennemi que pour protéger la retraite de deux bataillons d'infanterie qui sont sur cette rive. La section de chemins de fer, de notre réserve, travaille à fermer le pont par une barricade quand nos troupes seront repliées. En arrière, près du château, deux pièces d'artillerie sont en batterie à droite de la route.

Cependant, aux abords du pont, le maréchal surveille la retraite. Tous les yeux, toutes les lorgnettes sont fixés sur l'horizon, où rien ne paraît. Nos dragons, qui se sont beaucoup éloignés et qui paraissent très bien s'acquitter de la mission qui leur a été confiée, sont pris par quel-

ques officiers de l'état-major[1] pour des cavaliers
ennemis. Heureusement d'autres les préviennent
de leur méprise. Nous restons là plus d'une heure,
attendant toujours, mais en vain. Au reste le maréchal dit que le danger n'est pas là, mais sur
notre droite. Il s'en va en arrière sur la route de
Metz. Après un assez long temps, nous faisons de
même. La pluie a recommencé. Nous nous portons à 3 kilomètres en arrière sur la grand'route,
à une ferme où s'est arrêté le maréchal. Il surveille la retraite des divisions, qui se fait en très
bel ordre. De la hauteur où nous sommes, ces
mouvements présentent un très beau coup d'œil,
mais gâté beaucoup par la pluie, que nous recevons immobiles sur nos chevaux. Nous perdons
là trois heures, faisant semblant de chercher
à l'horizon un ennemi que l'on n'attend plus guère,
mais en réalité, arrêtés par le convoi des bagages
qui stationne sur la route et l'obstrue. Nous nous

---

[1] Ce qui ne veut pas dire des officiers *d'état-major*.
L'état-major général, ou, pour être plus rigoureusement
exact, le groupe qui entourait le maréchal, se composait de
l'état-major proprement dit, des états-majors particuliers
de l'artillerie et du génie, des aides-de-camp et officiers
d'ordonnance du maréchal et des généraux commandants
d'armes et enfin des officiers de l'escorte.

demandons à ce sujet comment, en premier lieu, les voitures ayant reçu l'ordre d'être prêtes à marcher à 2 heures du matin sont arrêtées là à 7 heures, et comment, en second lieu, nous sommes renseignés sur les mouvements de l'ennemi, puisque, après avoir été averti de l'approche d'un corps ennemi *important*, on n'en peut voir le moindre vestige à l'horizon.

Nous partons enfin avec le maréchal, passant le plus souvent à travers champs, où nos chevaux enfoncent jusqu'au jarret dans les terres détrempées. Que l'on juge d'après cela de la fatigue des troupes d'infanterie se mouvant dans un terrain pareil, ne marchant jamais longtemps, s'arrêtant pour attendre les mouvements des différentes divisions, et recevant la pluie sans discontinuer, après avoir été déjà inondées pendant toute la nuit.

A midi, après une étape fatigante, nous arrivons à Borny. Le maréchal s'installe au château. Pour nous, nous avons grande peine à nous caser. L'accumulation des cinq corps d'armée (le 2e, le 3e, le 4e, le 6e et la garde), en est cause. Nous trouvons cependant à la fin des chambres pour nous et des écuries pour nos chevaux. Comme nous sommes libres et que je meurs de faim, je vais de suite au fort de Queuleu demander à déjeuner. Depuis quinze jours que j'y suis venu, il a changé d'aspect. Les travailleurs militaires qui se plaignaient de leur rôle ne pensent plus à rêver à la gloire qu'ils pourraient acquérir ailleurs. On palissade les abords du fort, on se hâte de le fermer à la gorge, d'établir le pont levis. En même temps on arme le grand cavalier qui le domine et l'on prépare les casernes casematées afin de les rendre habitables, car on veut y loger le plus de troupes que l'on pourra, pour s'opposer à un coup de main que l'état du fort ne rendrait pas impossible [1]. Tout cela est triste à penser.

Je rentre de bonne heure au quartier-général : nous recevons enfin des lettres : depuis vendredi dernier nous en sommes privés : malheureusement le service de la poste est si étrangement fait que nous constatons par les lettres que nous recevons que beaucoup d'autres ne nous ont pas encore été remises. Depuis dimanche, ce ne sont

---

[1] Il en était de même des autres forts, mais surtout du St-Julien, où, sur un des fronts, l'escarpe présentait une brèche considérable que l'on ne put guère que dissimuler.

cependant pas les distributions qui ont fatigué ces messieurs.

A Borny le désordre est à son comble : dans la maison où nous trouvons une chambre pour nous établir à trois, la maitresse vient en larmes se plaindre que des soldats, malgré ses menaces, brisent les palissades qui ferment son jardin et dévastent bêtement ses arbres fruitiers, cassant une branche pour avoir un fruit. Que faire à cela? Désormais règne le droit du plus fort. Et pourtant si, cette femme, prenant un fusil, le déchargeait sur le premier qui viendrait briser sa clôture, qui pourrait lui donner tort? Pas moi, assurément. En tout cas, si nous en sommes là de la discipline, si, au début de la campagne, le pillage reste ainsi impuni à quelques pas seulement du quartier-général, que sera-ce plus tard? Les mauvais soldats entraîneront les autres, et le moral se perdra avec la discipline.

Vendredi 12. Le matin, recommandation expresse de ne pas aller à Metz, qui se trouve, il paraît, encombré d'officiers et de soldats. Cela tient à ce que, en deux semaines, chacun a déjà pu voir ce qui lui manquait et veut se hâter de se le procurer. A midi, j'ai l'ordre d'aller reconnaître l'emplacement des divisions du corps et de faire établir dans chacune des poteaux indiquant les directions à prendre pour se rendre dans les autres et au quartier-général. Il paraitrait d'après cela que l'on veut séjourner longtemps ici. Je passe donc à Grigy, la Grange aux Bois, Colombey, où j'entends une petite fusillade à quelque distance dans les bois, puis à Lauvallière, Nouilly, et je reviens par la ferme de Bellecroix. Dans la soirée, je fais un croquis de cette reconnaissance, mais quand, à neuf heures, je le porte au général, le hasard me fait rencontrer un soldat qui me demande sa route. J'apprends par lui que tous les campements sont changés depuis une heure. Il en résulte que mon croquis est devenu complétement faux, ainsi que les indications que l'on a plantées à tous les angles des routes. Un tel désordre n'est pas fait pour inspirer la confiance en ceux qui nous dirigent.

Samedi 13. Rien de nouveau. Comme on se plaint beaucoup que l'armée est encombrée de trop de bagages, et qu'on a recommandé de se réduire, si on le pouvait, nous prenons le sage parti de nous débarrasser d'une des deux voitures auxquelles nous avons droit. Nous nous réduisons donc à peu près tous de moitié, et j'emporte à Metz les cantines que nous abandonnons. Au camp on construit force épaulements de batteries pendant toute la journée et pendant une partie de la nuit. On a l'ordre d'être prêt demain matin à quatre heures et demie. Beaucoup pensent qu'on cherchera à livrer bataille pour avoir un succès à annoncer pour le 15 août.

Dimanche 14. A trois heures nous nous levons et à l'heure dite, les bagages sont chargés et nos chevaux prêts : mais jusqu'à présent le dimanche est un jour spécialement destiné à croquer le marmot. En effet, à midi, nous sommes encore là à attendre des ordres. Nous apprenons seulement que le maréchal Bazaine quitte le commandement du troisième corps, qu'il remet au général Decaen, pour prendre le commandement en chef de l'armée concentrée à Metz et dont les forces sont évaluées à cent cinquante mille hommes. En même temps notre général prend le commandement en chef du génie de cette armée. Mais l'empereur et le ministre de la guerre continuent à diriger les opérations. Ce détail gâte le bon effet qu'avait produit la nomination de Bazaine, de qui l'on espérait que les événements allaient prendre une tournure nouvelle. On est désolé de voir l'obstination de l'empereur et de son ministre à vouloir gêner les combinaisons de celui que l'on considère comme le plus habile de nos hommes de guerre, maintenant qu'une défaite a entamé la réputation militaire de Mac-Mahon.

L'armée est cependant en marche. L'ordre est de passer la Moselle pour camper de l'autre côté de Metz. Mais le mouvement est fort lent, d'abord parce que de notre côté, ils le sont toujours, mais spécialement cette fois parce que les ponts établis sur la Moselle ne sont pas assez nombreux.

A une heure, nous allons à la ferme de Borny rejoindre le général Decaen, qui a pris son commandement.

Nous attendons toujours. On amène un officier prussien, la tête ensanglantée. Il a été pris par des cavaliers près de Colombey; on lui criait de se rendre, mais comme il faisait feu de son revolver, on n'en a eu raison que par un coup de sabre. Le général Decaen, auquel on l'amène, lui offre d'être prisonnier sur parole et en même temps lui tend la main. Mais il la refuse, en disant qu'il déteste les Français; il refuse en même temps d'engager sa parole. On l'emmène à Metz.

Il avait été surpris derrière un buisson d'où il s'était levé en entendant la fusillade entre des hommes qu'il commandait et les nôtres.

Après cet incident, nous retombons dans l'ennui de l'attente. La journée s'avance et nous sommes toujours là.

Tout à coup, à quatre heures, on entend un coup de canon, puis deux, puis d'autres. Aussitôt les figures ennuyées changent d'aspect. La cour de la ferme se réveille. L'escorte est à cheval en un instant. Les officiers courent à leurs chevaux, le général Decaen est en selle, et nous quittons la ferme au grand trot.

III

BORNY, REZONVILLE, SAINT PRIVAT

Nous nous portons aussitôt sur le chemin qui mène à Colombey ; le général Decaen, un peu plus ému qu'il ne faudrait peut-être, donne des ordres ; il envoye un de nous au général Bourbaki pour lui demander d'arrêter la garde dans son mouvement de retraite et de l'amener près de la route de Borny, dans une position qu'il n'indique pas très clairement. En même temps il envoye chercher de l'artillerie.

L'engagement n'est, du reste, pas encore sérieux ; on n'entend pas de fusillade, mais seulement le canon à intervalles assez rapprochés. L'heure avancée de la journée nous empêche de croire à un combat important, et l'on pense que l'ennemi veut seulement harceler les dernières colonnes dans leur mouvement de retraite. Le général d'artillerie de B*** nous confirme dans

cette opinion : « Ce n'est rien, dit-il au général
« Decaen ; seulement un régiment de cavalerie et
« deux pièces d'artillerie ; *j'en viens.* » Cependant
les troupes prennent position. En avant de nous,
une ligne de tirailleurs occupe les crêtes qui
bordent la petite vallée où coule le ruisseau de
Vallières, et descend dans le petit bois qui en
garnit la pente. Aussitôt la fusillade commence,
et nous entendons passer les premières balles. A
droite du chemin, une batterie tire à mitraille
sur le château de Colombey. Nous remarquons
là un singulier volontaire. Il est en chapeau noir
et redingote, avec un ceinturon noir et un sabre
d'infanterie. Il a emprunté un mousqueton d'artillerie avec lequel il fait le coup de feu.

Une autre batterie se porte en avant de nous,
à gauche du chemin, pour battre d'écharpe le
château de Colombey. Nous voyons passer les
premiers blessés : ce sont des chasseurs ; ils disent
que c'est l'infanterie déployée en arrière d'eux
qui leur a fait le plus de mal, les prenant pour
l'ennemi. Triste méprise, dont malheureusement
il y a eu trop d'exemples.

Notre groupe est sans doute aperçu de l'ennemi,
car plusieurs obus éclatent près de nous, mais

sans faire de mal; la terre, encore détrempée, les laisse pénétrer profondément.

Le maréchal Bazaine passe, se portant sur la gauche : son ordre formel est de repousser l'attaque, mais de ne pas se laisser entraîner au delà, voulant avant tout continuer le mouvement de retraite ordonné dans la journée. Il recommande même expressément de ne pas dépasser les crêtes qui bordent le petit vallon du ruisseau de Vallières. A 2,000 mètres environ de nous, sur notre gauche, du côté de la ferme de Bellecroix, une batterie de mitrailleuses ouvre un feu roulant, trop roulant à ce qu'il nous semble, sur la route de Sarrelouis. Nous apprîmes depuis qu'elle avait démonté une batterie ennemie qui s'avançait sur cette route, sans s'attendre à un tel feu. On en ramena deux pièces à Metz. Sur notre droite, à 1 kilomètre environ, une autre batterie de mitrailleuses ouvre son feu, en même temps qu'une fusillade terrible s'engage en avant de nous. L'action s'étend en outre sur la gauche, où le quatrième corps, qui, au début, avait déjà franchi la Moselle, est revenu au pas de course, l'artillerie au galop, par les ponts de radeaux de l'île Chambière, qui rendirent du moins ce service.

Les balles passent plus nombreuses autour de nous ; le général Decaen en reçoit une au genou gauche, qui déchire légèrement son pantalon : mais il reste au feu ; presque au même moment, le capitaine d'état-major, M***, en reçoit une qui lui casse la jambe ; on l'emporte sur un cacolet. Au bout d'un quart d'heure, le général Decaen se décide à se retirer : il s'éloigne à peine, lorsque son cheval est tué sous lui. Le général Metman prend le commandement ; nous nous portons en arrière, à la ferme de Borny, pour la faire créneler et la rendre défensive, après quoi nous retournons au feu. La nuit vient sans que l'action paraisse se ralentir. Au contraire, sur notre droite, l'ennemi nous attaque vigoureusement. Une batterie ennemie s'établit sur la route de Strasbourg, pour prendre à revers une batterie à nous, abritée derrière un épaulement construit d'avance à Grigy, et terminé seulement dans la journée. Cette batterie souffrit beaucoup du tir de l'ennemi, qui la surprit par un feu auquel elle ne s'attendait pas. Le fort de Queuleu se mit aussitôt de la partie et, pour la première fois, nous fit entendre son canon, dont nous vîmes les lueurs jusqu'à la nuit close.

Sur la gauche aussi l'action paraît plus vive.
Mais devant nous le feu diminue. Les blessés passent plus nombreux, quelques-uns poussant de
grands gémissements, d'autres au contraire marchant d'un air si allègre qu'on se demande s'ils
sont vraiment blessés. Il ne faudrait cependant
pas s'y fier. Un général de notre groupe demande
à un petit chasseur qui marche gaillardement
s'il est blessé ; l'autre, sans dire un mot, entrouvre
sa veste et montre sa poitrine pleine de sang.

Enfin, vers huit heures et demie, le silence se
fait. Nous ne savons pas au juste quel est le résultat de la journée, mais l'impression pour nous
est que les troupes ont parfaitement tenu.

Nous rentrons à la ferme de Borny. Dans un
hangar on a installé la première ambulance pour
donner les premiers secours, qui sont aussi les
derniers pour plus d'un. A grande peine nous
trouvons dans l'obscurité profonde à attacher nos
chevaux dans une écurie vide, à plus grande
peine encore nous trouvons à leur donner un
peu de fourrage. Je me mets à mon tour en
course pour trouver des vivres pour nous. Je vais
au village : tout est noir, tout est abandonné.
Une seule fenêtre est éclairée ; de l'extérieur,

plusieurs soldats demandent du pain et de l'eau, qu'on leur refuse ; moi-même je n'ai pas plus de succès. Je vais au château. Là, au contraire, tout est en mouvement. C'est là que sont les ambulances, et les médecins ont fort à faire à cette heure. Dans la cuisine je vois un spectacle qui n'a rien d'attrayant. Dans le parc, deux jeunes gens de l'Internationale m'offrent, avec un empressement généreux, des vivres dont je ne prends qu'une partie, de crainte de priver de plus affamés que nous.

A la ferme, nous soupons gaîment de mes provisions que nous arrosons d'eau peu claire, le vin faisant absolument défaut, puis nous allons préparer nos chevaux, ayant appris que le quartier-général allait partir pour Metz.

Dans la nuit, je perds notre groupe, et m'égare dans une longue colonne qui avance péniblement par la route de Sarrelouis. Malgré l'heure avancée, la plus grande animation règne à Metz. Les habitants offrent à manger aux hommes et à boire aux chevaux. Ne sachant où retrouver notre état-major, je vais coucher à l'hôtel à une heure du matin.

Lundi 15. Réveillé à sept heures, je me hâte

de me lever et de monter à cheval. A peine dans la rue, j'entends le canon du côté de Queuleu, à ce qu'il me semble. Néanmoins je descends vers la porte de France, où je pense trouver notre campement. Les rues et surtout les portes sont tellement obstruées de troupes que le trajet n'est pas facile. Sur les glacis du fort Moselle, je trouve notre état-major. Comme nous sommes près de la gare du chemin de fer de Thionville, nous y portons des lettres; on nous annonce que la ligne des Ardennes est seule intacte.

Au camp, nous apprenons que le commandement du corps, laissé vacant par le général Decaen, est donné au maréchal Lebœuf. Cette nouvelle est diversement appréciée. Les uns s'en étonnent; mais d'autres, et ce sont les plus nombreux, disent que, incapable de diriger l'armée, le maréchal saura très bien commander un corps. On appuie cette opinion sur des antécédents militaires du maréchal.

L'ordre vient, à dix heures, de plier les tentes et d'être à cheval à midi. L'armée continue son mouvement de retraite sur Verdun. Pour notre part, nous devons passer par Châtel et traverser la vallée de Montvaux. Nous nous mettons en

route à l'heure fixée et montons par Plappeville
au col du St-Quentin. L'étroit chemin que nous
suivons est obstrué par une file de bagages qui
ont bien du mal à gravir la côte. La chaleur est
très grande. A notre gauche s'étend le magnifique
panorama de la vallée de la Moselle et de la ville
de Metz.

Que de fois j'ai parcouru, du temps que j'étais
élève, ce chemin que je suis aujourd'hui, et qui eût
pu croire alors à une telle position? Le col franchi,
nous descendons par Lessy jusqu'à Châtel-St-
Germain, pour remonter ensuite la route qui mène
à Verneville. Arrivés sur le haut du plateau, nous
voyons une longue colonne de bagages qui paraît
assez embarrassée de savoir où aller : elle s'est
arrêtée pour plus de sûreté ; trois heures plus tard
je la retrouvai encore au même point. Nous continuons à nous avancer sur la route, mais le
général n'ayant pas reçu l'avis précis du lieu où
nous devons camper, ni de l'itinéraire à suivre, se
fourvoie.

Bien d'autres que nous en firent autant, et il
n'y a guère lieu de s'en étonner puisque pour
nous rendre au campement indiqué, par la route
qui nous avait été assignée, il fallait passer à

travers champs. Comment était-on si mal renseigné sur la topopographie d'un terrain levé
tous les ans par les élèves de Metz et dont
nombre de cartes étaient à l'école, c'est ce qui est
resté un mystère pour moi. Seulement si l'on fit
peu de chemin ce jour-là, alors qu'il fallait se
hâter de gagner Verdun, la cause en est certainement en grande partie à ce que plusieurs colonnes s'égarèrent en suivant les itinéraires
inexacts qui leur avaient été indiqués.

Après d'assez longs tâtonnements, après avoir
été aux renseignements, nous gagnons la ferme
de Moscou, celle de St-Hubert et la route de Gravelotte. Je suis renvoyé en arrière pour empêcher
notre parc de faire fausse route à son tour et
l'amener près de la ferme de Malmaison, où nous
devons camper; je prie un colonel d'état-major
que je rencontre de me prêter un instant une
carte de dépôt de la guerre pour trouver le chemin
le plus direct à faire suivre à nos voitures. La
carte que je consulte indique bien un chemin dans
les bois, mais ce chemin n'existe plus. Quant au
colonel, il n'en sait pas plus long lui-même. Je le
quitte avec ces bonnes indications.

Pendant que je passe d'un côté, notre parc

passe d'un autre, et après un assez long temps perdu, je le retrouve égaré dans un bois. Nous regagnons enfin la grand'route de Verdun par Conflans, et nous arrivons à la nuit près de la Malmaison, où le maréchal Lebœuf a installé son quartier-général. On dresse les tentes en toute hâte, pour se reposer des fatigues du combat de la veille, de la nuit bien courte, et enfin de cette journée de marche que l'incurie du commandement a su rendre bien plus pénible qu'elle n'aurait dû l'être.

Mardi 16. A cinq heures du matin, nous sommes réveillés par une grande cavalcade qui passe sur la route : c'est l'empereur qui part pour Verdun avec son escorte et ses magnifiques voitures armoriées. Bon voyage !

La matinée est splendide, la nuit a été fraîche, mais le soleil brille de tout son éclat. Comme nous supposons que, la retraite se continuant sur Verdun, on ne tardera pas à se mettre en marche, nous nous préparons à partir, laissant seulement nos tentes dressées.

A neuf heures nous entendons le canon, mais loin de nous, dans la direction de Mars-la-Tour. Aussitôt nous nous hâtons de déjeûner et de plier nos tentes, attendant l'ordre du quartier-général qui est à 500 mètres de nous, à la ferme de Malmaison. Malheureusement cet ordre ne vint pas. Le maréchal Lebœuf, trop préoccupé, nous oublia totalement, et notre général ne voulut pas réparer cet oubli en nous menant rejoindre le maréchal : de sorte que nous passâmes toute cette longue journée à nous promener de long en large sur le terrain de notre campement, voyant passer des troupes, entendant au loin la canonnade, voyant la fumée des batteries s'élever à l'horizon, tâchant de deviner le résultat de la bataille, sans y réussir beaucoup. Seulement le soir nous vîmes la canonnade s'éloigner et nous en conclûmes que l'ennemi reculait.

Depuis, nous apprîmes que le deuxième et le sixième corps, échelonnés sur la route de Verdun par Mars-la-Tour avaient été attaqués par l'ennemi : que le deuxième corps avait été surpris au moment où les hommes faisaient la soupe, l'ennemi débouchant par la vallée de Gorze sur les hauteurs de Vionville et Rezonville. Nos positions cependant étaient bien supérieures à celles de l'assaillant, puisque nous étions développés sur un long plateau, tandis que l'ennemi ne pouvait déboucher de la vallée que par une suite de petits vallons dont nous occupions les crêtes ; mais là, comme tant d'autres fois, notre insouciance avait été si grande que l'attaque des Prussiens avait surpris tout le deuxième corps[1].

La division de cavalerie de Forton, qui devait éclairer la route, avait dû se replier devant l'ennemi. Heureusement la marche lente de celui-ci dans un terrain accidenté avait permis d'engager toute l'armée, en faisant entrer en ligne le troisième et le quatrième corps. Quant à dire quel avait été le plan de la bataille, personne ne put le faire, et cela tenait je pense, à ce qu'il n'y en eut pas. La bataille devint générale, la ligne des feux de l'artillerie s'étendant sur un cercle immense : le soir l'ennemi n'avait pas réussi à nous faire quitter nos positions, mais c'est je crois tout ce que l'on pouvait dire.

Placés comme nous le fûmes en arrière des lignes, nous vîmes cependant les scènes curieuses

---

[1] J'ai entendu dire par un officier attaché à l'état-major du 2e corps que la veille on avait voulu faire observer au général Frossard l'urgence qu'il y avait à surveiller les débouchés de la vallée, et que le général aurait répondu : Je donne des ordres, mais je ne reçois pas d'observations.

qui se passent derrière la grande action : curieuses, mais tristes aussi : ce sont d'abord quelques blessés venant se faire panser à l'ambulance,
établie à côté de nous. Mais bientôt en même temps
qu'eux arrivent des fuyards jetant la démoralisa-
tion, comme toujours, car toujours un soldat qui
fuit, pour légitimer sa conduite, annonce que
tout est perdu. Au bout d'un certain temps, le
nombre de ces fuyards devenant trop considérable, le prévôt du corps les fait arrêter, et quand
ils n'ont pas de bonne raison à donner, il les fait
attacher deux par deux. Chose triste à dire,
mais *parfaitement vraie;* en regardant leurs
armes, on reconnaît qu'un grand nombre n'ont
pas tiré un seul coup de fusil.

Nous voyons même passer une pièce d'artillerie
avec *un brigadier* et trois servants. Elle s'en va
au pas des chevaux dans la direction de Metz. On
interpelle le brigadier, mais il prétend qu'il est
devenu sourd par l'effet de la canonnade, et ce
n'est que sur un ordre formel qu'il se décide à
rebrousser chemin : encore ne va-t-il peut-être
pas loin.

Nous voyons encore passer des cuirassiers
qui, privés de leurs chevaux, embarrassés de

leur lourd équipement, gênés dans leurs cuirasses et leurs casques, ont un air piteux qui, contrastant avec leur haute taille et leur air de force, nous ferait sourire si le moment était à la gaîté, et si d'ailleurs un de leurs officiers, blessé, ne nous racontait que le régiment a été décimé dans une charge qui leur a été ordonnée.

Enfin le soir vient, et tout bruit cesse. Nous remontons nos tentes, et nous passons là encore la nuit.

Mercredi 17. Le matin, calme complet. Sur la route passent quelques prisonniers ennemis, entre autres un colonel blessé et deux autres officiers auxquels nos camarades du parc offrent de se restaurer en venant prendre leur café.

A 10 heures ordre de plier les tentes et de retourner en arrière, à la ferme de Moscou. Le bruit accepté est que l'ennemi, battu hier par nous, se repliant sur Thionville, nous allons chercher à lui couper la retraite.

Dans les champs au-dessous de Gravelotte nous voyons brûler des provisions de sucre, de riz et de farine. On engage ceux qui veulent en emporter à en prendre et nos ordonnances ne s'en font pas faute. Plus loin nous voyons répandus dans les champs toutes sortes d'effets de campement ; des bidons, des gamelles, des couvertures qui seraient précieuses pourtant. Pourquoi ce gaspillage? nous n'avons jamais pu l'expliquer par la suite, car on avait parfaitement le temps de tout ramener en arrière.

Nous repassons donc aux fermes de St-Hubert et de Moscou, et finalement nous dressons nos tentes sur le plateau entre Moscou et Leipzick, à quelque cents mètres du quartier-général, campés près d'un arbre sec qui est un signal géodésique, mais qui court risque de ne plus l'être longtemps, car plusieurs soldats ont déjà entamé son tronc mort pour faire la soupe.

Vers 3 heures notre camarade M*** est chargé par le général d'aller à Metz. L'étape est longue et pénible car les routes sont encombrées. Aussi ne fut-il de retour qu'à minuit. Mais le plaisant de la chose c'est qu'il n'avait pour mission que de porter une lettre fermée au général Coffinières et de rapporter la réponse, également fermée, sans voir le général. Le premier cavalier venu aurait fait l'affaire, et M*** n'aurait du moins pas fatigué son cheval.

Dans la soirée nous voyons au loin dans la

plaine la fumée s'élever au-dessus du fort de Queuleu. Il envoyait des obus à des colonnes qui se dirigeaient sur Novéant. Vers 5 heures, tout près de nous, quelques coups de mitrailleuses furent aussi tirés dans la direction du bois de Vaux.

Le soir, comme nous finissons de dîner, une rumeur, lointaine d'abord, arrive jusqu'à nous, et le cri Aux armes ! est répété par les sentinelles. Aussitôt les sonneries se font entendre dans la nuit noire : tout le monde est attentif; nous recommandons aux hommes qui sont près de nous, d'être calmes et de ne pas faire feu sans savoir pourquoi. Au bout d'un quart d'heure, on s'aperçoit qu'il n'y a rien à craindre et que c'est simplement une panique. Notre camarade C*** nous en promet une seconde pendant la nuit.

Jeudi 18. Effectivement à 2 heures du matin, nouvel appel aux armes ; nous nous levons malgré notre incrédulité : la nuit est très fraîche. Au bout d'un instant on se recouche de nouveau. A 5 heures, réveil. Le général nous demande aussitôt et donne à chacun de nous du travail; mes camarades doivent faire établir des tranchées-abris et des épaulements de batterie sur tout le front de notre campement, depuis la ferme de Moscou jusqu'à Montigny-la-Grange. Quant à moi, sous prétexte que je connais très bien le pays, je dois chercher une route pour faire venir les approvisionnements du corps, celle par laquelle ils arrivent étant insuffisante. On me dit même que, si je réussis, je rendrai un grand service au corps. Malheureusement, ce sont là des mots, et l'ordre du maréchal est simplement absurde. Adossés comme nous le sommes aux bois et à la vallée de Montvaux, il est bien évident, à la simple inspection d'une carte qu'il n'y a pas d'autre route que celle que l'on a adoptée, et que ce n'est pas par des bois en pente raide qu'on peut faire passer les voitures de réquisition. Je pars néanmoins, mais à 8 heures je reviens, après une course dans les bois qui n'a servi qu'à fatiguer mon cheval.

A mon retour, je trouve le camp levé et toutes les troupes en mouvement. On s'attend à une attaque de l'ennemi, et l'on prend les positions de combat. Le général est parti avec le maréchal. En l'attendant, nous allons regarder de près une batterie de mitrailleuses établie devant nous. Un peu avant midi, les troupes ennemies qui descendent au-dessus de la route de Conflans paraissant à portée, on commence le feu des mitrailleuses. Au même moment, le canon s'entend dans la direction d'Amanvillers. Nous montons aussitôt à cheval pour rejoindre le maréchal, qui nous donne l'ordre de faire des tranchées-abris et des épaulements de batterie sur une hauteur, entre la Folie et Leipzick. En avant de nous, près de Montigny-la-Grange, la lutte est engagée entre nos batteries et celles de l'ennemi. Deux batteries, dont une de mitrailleuses, font un feu continu. Les troupes d'infanterie sont massées en avant de nous, presque toutes à l'abri dans des tranchées et masquées par les bois qui sont sur leur gauche. A deux ou trois kilomètres de nous, près de la route de Conflans, nous voyons arriver au galop une batterie ennemie qui s'arrête, se met en batterie et ouvre son feu avec une rapidité que nous admirons. La ferme de la Malmaison est en feu. A ce moment, nos travailleurs trop massés et notre groupe attirent l'attention de l'ennemi, qui nous envoie des obus. Deux pièces divisionnaires nous sont envoyées dans le but apparent de contrebattre la batterie ennemie ; mais ces pièces arrivent *au pas ;* en outre, pouvant se dissimuler derrière un

rideau de peupliers avant de prendre position,
elles s'en gardent bien et marchent à plein découvert ; enfin une fois qu'elles sont arrêtées, on
est si longtemps avant de se décider, qu'elles
deviennent le point de mire des obus ennemis
avant même d'avoir été mises en batterie. Aussi
elles s'en vont au trot sans avoir tiré un seul
coup. Derrière nous, le long du bois nous voyons
un nuage de poussière soulevé par une colonne
de cavalerie. C'est notre division de cavalerie qui
se dirige sur notre droite.

Montigny-la-Grange est en feu.

Notre travail terminé, nous allons à l'arbre
mort, où se tient le maréchal. Là les obus éclatent
sans interruption. En avant de lui, une de nos
batteries a beaucoup souffert ; mais c'est bien pis
encore sur la gauche, à la ferme de Moscou, où,
à deux reprises différentes, malgré les épaulements
construits à l'avance, il fallut laisser les pièces
pour emmener les hommes et les avant trains à
l'abri ailleurs, tant était meurtrier le feu de l'ennemi. Nous recevons l'ordre de nous porter à
500 mètres en arrière, pour nous abriter, mais la
mesure est assez illusoire, car les obus éclatent de
tous côtés : plusieurs passant par-dessus nous

vont tomber de l'autre côté de la vallée, dans le bois de Châtel. Toutefois ces projectiles ne firent pas grand mal, malgré le grand nombre de voitures de toutes sortes, les ambulances, le trésor et d'autres qui se croyaient là en sûreté, et cela fut bien heureux car toutes ces voitures ne purent s'écouler que lentement par la route de Châtel.

Vers 5 heures je retourne à l'arbre mort, pour voir le général.

La ferme de Moscou est en feu. Sur toute la ligne de bataille on n'entend toujours qu'une canonnade générale, et très peu de fusillade. Je n'apprends rien du reste au quartier-général, et le peu de mouvement, l'apathie qui y règnent, m'étonnent beaucoup. Le maréchal est là, exposé aux obus qui tombent nombreux, mais c'est à cela que se borne son rôle. Il était là à deux heures, il y est à cinq, il y sera à sept ; quant à s'enquérir de ce qui se passe, quant à suivre les phases du combat, pour tirer parti des incidents qui peuvent se présenter, il ne me semble pas qu'il s'en occupe.

Je reviens en arrière près de mes camarades, à quelques cents mètres de nous ; couronnant la crête de la vallée de Montvaux, nous voyons les voltigeurs de la garde abrités dans des tranchées.

Vers 7 heures, le général vient chercher la section de chemin de fer pour aller faire un travail en première ligne. En descendant en avant de l'arbre mort, à plein découvert, l'ennemi les prenant sans doute pour une nouvelle batterie leur envoya une grêle d'obus; mais la petite colonne en fut quitte pour prendre le trot, hommes et chevaux, et pas un projectile n'atteignit ni les travailleurs ni la voiture.

Je retourne à l'arbre mort, où je trouve le quartier-général toujours installé. De l'autre côté du vallon qui nous sépare de la route d'Étain, on voit, près de Gravelotte, des masses considérables ennemies. Amenez-moi des mitrailleuses, dit le maréchal : un commandant d'artillerie fait observer tout bas au colonel St-R *** que l'ennemi étant au moins à 3,000 mètres, on ne pourra l'atteindre; néanmoins, comme personne n'ose faire cette observation au maréchal, on fait venir les mitrailleuses qui prennent position, mais elles n'ouvrent pas le feu, et ne servent qu'à attirer l'attention de l'ennemi qui leur envoie des obus. ·

La nuit approche, et en même temps les nouvelles prennent une mauvaise tournure. On dit
que le sixième corps, s'étant trop avancé, aurait
failli être tourné à droite. Il aurait dû se replier,
entraînant dans son mouvement le quatrième
corps. Au bout d'un peu de temps, ce qui devient
certain, c'est que l'ordre est donné de battre en
retraite. Nous voyons alors revenir notre division
de cavalerie qui, pendant près de deux heures
obstrua la route de Châtel : elle n'avait fait qu'une
promenade sur le champ de bataille.

Vers huit heures, nous entendons tout près de
nous s'ouvrir une canonnade épouvantable : c'est
notre artillerie de réserve qu'on a envoyée prendre
position pour protéger la retraite. Malheureusement elle fit plus de bruit que de besogne, mais
cela ne nous surprit pas quand nous sûmes qui la
commandait. Au reste, un officier me dit plus
tard que l'on tirait au hasard, l'essentiel étant de
tirer vite.

Après la reddition de Metz, nous apprîmes que
le général de Palikao avait, au sujet de cette
journée du 18, fait afficher à Paris une dépêche
signée Bazaine, disant que les Prussiens avaient été
jetés dans les carrières de Jaumont. Jamais nous

n'entendîmes à Metz parler de cet épisode, et il n'en a jamais été question dans les documents publiés depuis ; de sorte qu'on est fondé à se demander lequel de Bazaine ou de Palikao a pu inventer cette fable ridicule. Il serait plaisant que ce dernier eût seul inventé la dépêche sur laquelle les journalistes de Paris se hâtèrent de donner mille détails à effet.

La nuit vient ; l'ordre pour nous est de bivaquer, en attendant que le mouvement de retraite puisse se faire. Nous allumons un grand feu, mais nous n'avons pas la moindre provision. A grande peine, j'achète à une cantinière des dragons qui sont toujours là un morceau de pain pour nous ; en outre nos chevaux, depuis cinq heures du matin n'ont ni mangé ni bu, mais il n'y a pas à songer à les mener à Châtel avec l'encombrement qui règne sur la route. Pour achever notre mauvaise chance, C*** et moi nous avons perdu depuis le commencement de la bataille nos ordonnances, qui ont nos manteaux, et nous sommes vêtus très légèrement.

La nuit est aussi fraîche que la journée a été chaude. Enfin, nous nous allongeons tous autour du feu, où flambe debout un tonneau défoncé.

Mais le froid m'empêche de dormir, car si les pieds ne sont pas loin du feu, le reste du corps n'en ressent pas la chaleur, et je comprends mieux que jadis au collége ce que c'est que le rayonnement nocturne. A onze heures, il me faut courir après mon cheval, qui s'est échappé : par le plus grand hasard, je le retrouve, mais en revenant au bivouac, je vois le feu éteint. Un officier était venu dire que la flamme se voyait au loin et attirait les obus sur les troupes établies en avant.

Vendredi 19. A deux heures du matin nous descendons C*** et moi au village de Châtel pour faire boire nos chevaux et chercher quelques fourrages. Le ciel est magnifique et la lune éclaire le petit vallon que nous suivons. Malgré le feu de l'artillerie ennemie, nous ne voyons d'autre trace de la bataille d'hier qu'un cheval tué sur la route. En bas nous trouvons de l'eau, sur laquelle nos chevaux se jettent avec avidité ; puis nous ramassons une petite botte de foin dans une grange ; comme nous remontons, nous rencontrons sur la route une colonne d'artillerie, puis de l'infanterie, et quand nous revenons au bivouac, l'ordre vient de monter à cheval pour suivre la retraite.

Il est trois heures du matin. Nous devons aller camper entre Scy et Lessy ; mais, arrivés dans ce dernier village, il est évident que l'ordre a été mal donné, et qu'il n'y a pas moyen de camper dans ces parages. Nous remontons donc jusqu'au col du St-Quentin, et, ne sachant où aller, nous faisons une halte dont je profite pour aller à la recherche des bagages.

Je les trouve près du fort de Plappeville. Le garde nous raconte que le convoi se trouvait hier près d'Amanvilliers, se dirigeant sur Plappeville, quand on entendit les premiers coups de canon ; quelques obus vinrent tomber à 500 mètres environ de la colonne ; ce que voyant, le prévôt du corps avait adressé aux convoyeurs ces paroles mémorables : N'ayez pas peur, mes amis, et au trot. Ce trait de courage lui valut plus tard une citation à l'ordre de l'armée.

Vers sept heures, nous remontons à cheval et nous voilà repartis avec un nouvel ordre de campement : nous devons aller en bas de Plappeville ; nous y descendons, mais arrivés dans la prairie, où nous devons nous installer, nous la trouvons occupée ; nous recommençons nos pérégrinations. Nous poussons jusqu'au ban St-Martin, où décidément nous nous arrêtons, pour dresser nos tentes.

La journée se passe dans le calme. Comme nous sommes aux portes de Metz, nous y allons chercher des lettres : nous n'en avons pas reçu depuis trois jours. La poste est encombrée de lettres, et je cherche dans plusieurs paquets, si j'en trouverai pour nous, mais sans succès, et cependant par la suite j'en reçus *neuf* qui devaient se trouver alors déjà dans ce bureau, puisque dès ce moment la dernière voie libre, celle des Ardennes, était coupée.

A sept heures, le général nous apprend que devant les forces ennemies qui entourent Metz le maréchal renonce pour le moment à marcher sur Verdun, et que l'armée, sous la protection des forts, va rester sur la défensive. On doit aussitôt travailler à fortifier les positions occupées par les troupes, et nous devons immédiatement aller reconnaître le tracé des travaux à exécuter entre le St-Quentin et le fort de Plappeville. Le général considère l'ordre comme si urgent qu'il nous fait lever notre campement et nous nous mettons en marche à sept heures et demie.

De ce moment nous entrons dans la période du blocus.

IV

LE BLOCUS, JUSQU'AU 1er SEPTEMBRE

BATAILLE DE NOISSEVILLE

Nous devons, c'est du moins l'intention du
général, aller camper au col du St-Quentin, c'est
à dire à 1 kilomètre environ de l'endroit où nous
sommes. Seulement, précisément quand nous partons dans cette direction, deux corps, le quatrième
et le sixième, je crois, se mettent en marche en
sens contraire pour venir camper dans la plaine
que nous quittons.

C'est ce courant d'hommes, de chevaux et de
voitures qu'il nous faut remonter. Au bout d'une
heure nous sommes arrivés, mais pour nos voitures, c'est autre chose ; nous les attendons autour
d'un feu de bivouac. Elles parviennent à nous rejoindre à une heure du matin. Toute cette fatigue
était bien facile à éviter. Il suffisait de passer la
nuit à notre campement et d'en partir au point du
jour. Après les fatigues des jours précédents,

bêtes et gens s'en seraient bien mieux trouvés. Mais *sic diis non placuit*.

Nous campons et nous nous couchons à la hâte, pour nous lever à cinq heures.

Samedi 20. Nous montons tous sur le plateau du St-Quentin ; en avant des forts, à 1000 mètres environ, se trouve un retranchement inachevé ; on en décide l'achèvement ; en outre, le long de la crête qui borde la vallée de la Moselle, on établit une série de petits abris pour huit ou dix hommes destinés à surveiller les villages de Scy et Chazelles, et tout ce revers du St-Quentin.

De là nous redescendons au col, où nous trouvons le maréchal et son état-major, que nous suivons. C'est la première fois que nous avons l'occasion d'entendre parler le maréchal Lebœuf, et nous en retirons la plus triste impression. Pour défendre cette position, qui est sous le feu direct du fort de Plappeville et sous le feu un peu plus éloigné du fort St-Quentin, il ordonne des kilomètres de tranchées-abris. Dans un petit pli de terrain, une des dernières ramifications du vallon de Lessy, il voit un danger d'attaque de vive force. Il en fait border la crête de tranchées, il fait couper un bois d'acacias tout jeunes. En arrière, il trouve un parapet commencé par le génie de la place. Il ordonne d'y établir des épaulements de batterie, et, dit-il, si le génie veut s'y opposer, dites-lui que je m'en f.... Il est regrettable que notre général ne lui ait pas fait observer que si le génie avait commencé là un ouvrage, c'était sans doute pour qu'il servît à quelque chose.

Nous nous mettons bientôt tous à la besogne, et nous installons les troupes d'infanterie. Du haut du St-Quentin, où je fais faire une sorte de place d'armes entre le fort et le retranchement avancé, je vois les travailleurs ennemis remuer aussi la terre sur les hauteurs que nous occupions hier.

Dans l'après-midi, en retournant au travail, je passe au fort du St-Quentin d'où nous voyons, à l'aide d'une forte lunette, des détachements ennemis au château de Frescaty. Au-dessous de nous, le long de la Moselle, s'étend le campement du deuxième corps, entre le Ban-St-Martin et Longeville.

Pour encourager les hommes au travail, le maréchal Bazaine a décidé que ce travail serait payé et que le prix du règlement en vigueur à Metz serait doublé. Il avait ainsi tranché une question

souvent discutée par les officiers, parmi lesquels
le plus grand nombre trouvait que s'il était bon
de payer certains travaux, comme ceux de bara-
quement, d'installations diverses, en revanche
ceux qui avaient trait à la défense des positions,
ne devaient pas plus être salariés que les fatigues
et les dangers du combat. Quoi qu'il en soit, la
décision du maréchal ne pouvait amener qu'un
bon résultat ; mais ce qu'il y a de plus étrange,
c'est que plus tard, par suite des énormes travaux
de terrassement qui furent entrepris, on en vint
à regretter cette décision première, qui coûtait
fort cher, et ce fut alors chose pénible de voir
quelles chicanes soulevèrent des dépenses sur lesquelles, au premier moment, on avait eu l'air de
vouloir traiter largement.

Dimanche 21. Nuit longue et sans accroc, qui
arrive à point pour réparer les deux nuits blanches
précédentes. A huit heures, il y a messe à Plappeville, et les états-majors sont invités à y accompagner le maréchal, commandant en chef. Je reste
seul au camp, dont j'admire le magnifique coup-
d'œil, éclairé par les rayons du soleil du matin :
le village de Plappeville, à mi-côte ; le col du
St-Quentin occupé par les troupes, et le fort profi-

lant ses arêtes dures au-dessus ; vers la droite, le camp s'abaissant dans le vallon et s'étendant au loin, du côté de Woippy, jusqu'à la Moselle.

Le soir autre panorama, plus étrange encore : les pentes du St-Quentin sont illuminées par des centaines de feux. Pour le moment, tout cela retentit de tous côtés des airs de la musique militaire : cacophonie bizarre, où l'on entend d'un côté la *Grande Duchesse*, de l'autre la *Dame Blanche* et, plus loin, le seul morceau qui me plaise dans les circonstances où nous sommes, le chœur de *Faust* : Gloire immortelle de nos aïeux.

Mais il faut convenir que tout cela doit produire un singulier effet dans le camp ennemi, et leur donner l'idée d'un champ de foire. Je ne puis m'empêcher de trouver du reste que nos allures contrastent bien avec celles des Prussiens, sans que l'avantage soit de notre côté. Chez nous trop de sonneries, et de batteries, et de fanfares le jour : trop de feux la nuit. Au contraire, silence et obscurité chez eux. Le jour, deux ou trois colonnes de fumée dans les bois nous signalent la présence de l'ennemi, mais en quel nombre ? Aucun bruit n'arrive d'eux à nos avant-postes. Notre tumulte doit bien les étonner, surtout après les derniers événements ; au reste je crois bien qu'il y a chez nous un peu d'affectation, et qu'elle est ordonnée.

Dans l'après-midi, nous continuons à *remuer de la terre* pour améliorer les travaux de retranchement et relier les batteries aux tranchées. Le soir, j'apprends au deuxième corps, où je vais dîner, que nous devons demain repasser la Moselle pour aller entreprendre, sur la rive droite, une série de lignes et d'ouvrages reliant les forts entre eux et s'appuyant sur la rivière, en amont et en aval.

Lundi 22. A deux heures du matin, l'ordre nous est donné d'être prêts à cinq heures. A l'heure dite nous sommes à cheval. Nous rentrons à Metz et nous allons directement au fort de Queuleu, dans l'intention d'aller ensuite à Borny, comme il a été ordonné. Les dehors de la place sont tristes à voir. On rase les glacis d'abord, ce qui n'est rien, mais ensuite on abat tout ce qui est dans la zône de servitude. Il y a là une foule de maisonnettes et de petits jardins qui faisaient le bonheur du petit monde de Metz. Ces pauvres gens sont en larmes, et nous maudissent de tout cœur. Pour moi, cette scène de dévastation m'afflige : j'ai beau me dire que les propriétaires ne sont pas pris en traîtres, qu'ils se sont engagés à démolir à la première réquisition ; il n'en est pas moins vrai que toutes ces ruines sont tristes à voir. Mais, ce qui est plus malheureux encore, c'est de songer que tout cela ne servit à rien. En faisant raser les abords de la place, le gouverneur de Metz exécutait, il est vrai, les prescriptions militaires et, sous ce rapport, il n'y avait pas à s'élever contre l'exécution stricte de la loi. Seulement, avec l'enceinte des forts et l'appui d'une armée de 150,000 hommes, il est bien certain que les mesures rigoureuses qui furent prises auraient pu être différées. L'enlèvement d'un fort par surprise n'était pas admissible : il fallait donc l'attaquer pied à pied ou le bombarder, et dans l'un et l'autre cas on aurait su longtemps à l'avance la durée de la résistance du fort attaqué, et l'on aurait eu bien le temps de faire en arrière les préparatifs nécessaires. Ainsi le résultat de toutes ces démolitions fut un dommage immense à la fortune des habitants de Metz, sans que la chute de la place en ait été retardée d'une heure.

Au fort de Queuleu, nous apprenons que l'ennemi est tout près, qu'il a transformé en batterie une écurie de la Grange-aux-Bois et que ses éclaireurs occupent le village de Borny. Nous retournons alors en arrière jusqu'à la porte des Allemands, où nous faisons halte pour laisser passer la première et la deuxième division de notre corps, puis, apprenant que nous devons camper près de St-Julien, nous nous y rendons. Nous nous installons sur le bord même de la Moselle, vis à vis l'île Chambière, au pied du côteau de St-Julien. Le site est charmant, quoique d'une salubrité douteuse. Mais qui eût pu croire alors que dans deux mois nous serions encore dans les mêmes parages?

Près du village, les champs se ressentent aussitôt de l'arrivée des troupes. Les pommes de terre sont arrachées, les arbres à fruits dévastés: encore si ce pillage était fait avec intelligence. Mais la moitié des pommes de terre resta enfouie sous la terre, et s'y gâta, et pour avoir quelques fruits verts les soldats ruinèrent les arbres pour toujours. Cependant le 20 août, un ordre du quartier-général avait paru s'inquiéter de ces déprédations. Il avait été enjoint aux prévots des corps d'arrêter les maraudeurs, qui devaient être punis sévèrement [1]. Mais il en fut de cet ordre

[1] Voici l'ordre textuel.

La maraude a pris une telle extension dans l'armée, qu'il

comme de tant d'autres. Il fut lu dans les corps, mais ce fut tout : et le pillage continua comme par le passé. Il y eut des plaintes individuelles, on fit quelques enquêtes qui aboutirent à constater des dégâts, mais non à en trouver les auteurs ni seulement à en empêcher d'autres. Certaines choses entre autres devinrent l'objet d'exploitations régulières. Les cavaliers de la garde, campés dans l'île Chambière, vinrent en procession enlever les échalas des vignes pour faire la cuisine, et des sacs entiers de raisins le plus souvent à

est urgent, pour son honneur, d'y mettre un terme en la réprimant énergiquement.

Le maréchal commandant en chef décide, en conséquence, que tout maraudeur surpris en flagrant délit sera condamné à six mois de travaux dans une forteresse sur la simple déclaration des agents de la force publique, et il entend qu'on assimile les traînards à cette catégorie de malfaiteurs.

M. le général grand-prévôt, ainsi que les prévôts des corps d'armée prendront des mesures pour faire arrêter les délinquants, et rendront les agents de la force dont ils disposent, responsables des faits de maraude qui pourraient se produire à l'avenir sous leurs yeux.

Au grand quartier-général du ban St-Martin, le 20 août 1870.

Le maréchal de France, commandant en chef,
Bazaine.

peine mûrs. Bien des fois, sous nos yeux mêmes, nous fûmes témoins de pareils spectacles, mais qu'y faire? Devant nos reproches les maraudeurs s'en allaient plus ou moins honteux, et recommençaient ailleurs. Et pourtant si l'on avait fait quelques exemples, si surtout *on l'avait voulu*, on aurait pu empêcher le pillage, et l'on eût évité ce reproche à l'armée d'avoir créé autour de Metz autant de ruines que les Allemands.

A dix heures, nous sommes tous installés, état-major, parc et réserve. Un de nous est envoyé rejoindre l'état-major du corps, où il assiste à l'étrange sortie du maréchal Lebœuf contre le gouverneur de Metz [1]. Quant à nous, nous profitons de la liberté qui nous est accordée pour nous reposer et mettre ordre à nos notes.

---

[1] Le fait n'a pas d'importance par lui-même, mais il peut montrer le bon sens et surtout le tact exquis du maréchal.

En présence de tout son état-major, le maréchal crut l'occasion excellente de s'élever en termes injurieux contre le général Coffinières et comme personne, naturellement, ne se souciait de l'arrêter, il prit en particulier le capitaine du génie W *** attaché à l'état-major de la place et le chargea (*sic*) de dire au général Coffinières qu'il l'insulterait à la première occasion.

Le lendemain se passe ainsi tranquille. On a l'air de s'*installer* ici. Le temps s'est mis au froid et à la pluie. Nous trouvons dans le journal un extrait de la correspondance du quartier-général qui, résumant les faits militaires qui viennent de s'accomplir, annonce d'abord que « le plan de l'ennemi pour la journée du 18 n'a pas réussi, » que « d'ailleurs ces batailles ont été bien plus funestes « à l'armée prussienne, dans laquelle se trouve « un grand nombre d'hommes de la Landwehr, peu « propres à supporter une longue campagne » que « nos adversaires peuvent à bon droit s'effrayer de leur situation, qui devient de plus en plus critique à mesure qu'ils s'avancent sur notre ter- ritoire » et qu'enfin « la situation actuelle doit se détendre avant peu. »

Le mercredi se passe de même, dans un calme profond. Dans la matinée seulement un chef d'es- cadron d'état-major vient du quartier-général à notre camp nous demander si nous pourrions nous procurer des masses ; il explique, avec trop peu de mystère et sans paraître s'apercevoir que des soldats l'écoutent, que le soir on doit aller sur- prendre des batteries ennemies établies à la Grange-au-Bois et *casser les pièces*. Nous lui donnons tout ce que nous avons, c'est à dire trois masses assez peu sérieuses ; quelques jours plus tard un sergent vint nous les rapporter, et comme nous lui demandions ce qui s'était passé, il nous raconta que deux compagnies d'éclaireurs volontaires (c'étaient des volontaires pris dans les régiments d'infanterie) étaient partis à minuit du fort de Queuleu ayant à leur tête leurs officiers et deux généraux de division de notre corps. On s'était avancé dans le plus profond silence lorsqu'on rencontra une sentinelle ennemie qui cria : *Verdà ?* Alors on tint conseil, et sur l'avis des généraux on s'en revint au camp, attendu que l'ennemi était sur ses gardes.

Le soir je puis aller passer quelques heures à Metz ; ce qui me frappe le plus dans l'état des esprits, c'est que tout le monde parle de Mac-Mahon pour nous tirer d'affaire ; je ne puis m'empêcher de faire remarquer à quelques uns que si Mac-Mahon, de son côté, compte aussi sur nous, comme cela est très admissible, et s'il nous attend, comme nous l'attendons, il y a peu de chances pour que nous arrivions à nous rejoindre.

Jeudi 25. Dans la matinée nous voyons arriver un grand convoi chargé d'approvisionnements de toute sorte. Un officier d'administration en fait arrêter les voitures à cent mètres de nous, sans aucun souci des cultures. Aussitôt que leurs voitures sont arrêtées, les convoyeurs, des paysans de la Lorraine et de l'Argonne se précipitent avec furie les uns sur les arbres fruitiers, les autres sur les champs de pommes de terre et remplissent de grands sacs du fruit de leur brigandage, et tout cela sous les yeux de l'officier d'administration, qui avait l'air de trouver cela tout naturel. Certes les soldats étaient bien blâmables de marauder comme ils le faisaient. Mais que dire de ces paysans qui payés richement, à 20 et 40 francs par jour, ne craignaient pas de dépouiller et de ruiner les paysans dont ils traversaient les champs? Si ceux qui agissaient ainsi ont, en rentrant chez eux, trouvés leurs villages dévastés, personne ne pourra les plaindre. Le mal qu'ils auront fait leur aura été rendu.

Vendredi 26. A 2 heures on nous réveille pour nous donner l'ordre d'être prêts à cinq heures du matin : comme toujours nous sommes à cheval à l'heure fixée ; nous apprenons que l'on va se porter en avant du côté Est de la ville. Nous attendons jusqu'à sept heures que la réserve d'artillerie, après laquelle nous devons marcher, se mette en route. En chemin, nous apprenons que le mouvement ne s'étend pas seulement à trois de nos divisions, comme on l'avait dit d'abord, mais à toute l'armée. Le 4e, le 6e corps et la garde doivent passer sur la rive droite de la Moselle. Mais les bagages n'ont pas l'ordre de partir, ce qui tend à faire croire que l'on ne part pas encore d'une façon définitive. Nous suivons le ravin de Vallières, et il nous semble que le mouvement se fait bien. La colonne où nous nous trouvons marche régulièrement, sans se fatiguer par des temps d'arrêts et des accoups comme nous l'avons vu tant de fois. Nous traversons Vallières, puis Vantoux et à neuf heures et demie nous nous arrêtons avec le parc dans une petite prairie à la sortie de ce village, au tournant de la route de Mey. Nous y trouvons des traces d'un campement ennemi et je ramasse une balle prussienne intacte. Les hommes font le café, en voyant que les ordres n'arrivent pas, nous mêmes nous nous mettons à déjeuner. Le temps est beau, et nous ne nous expliquons pas pourquoi ce mouvement, commencé si bien n'aboutit qu'à une halte oisive. Quelques

soldats trouvent dans les environs des casques
prussiens : ils racontent qu'un peu plus loin, on
en trouve de grands monceaux, avec des sabres
et des fourniments, à côté de grandes buttes où
sont enterrés les morts de la journée du 14.

A midi, la pluie survient; au bout d'une heure
elle cesse et le soleil reparaît dans tout son éclat.

Le maréchal Lebœuf passe, allant trouver le
maréchal Bazaine, qui le demande à la ferme de
Grimont.

Une heure plus tard, nouvelle bourrasque
suivie d'une nouvelle éclaircie, mais le temps
passe toujours. Enfin, à quatre heures et demie,
le maréchal Lebœuf revient de Grimont et, appelant notre général, lui dit qu'on a reconnu à l'u-
nanimité qu'il fallait retourner au camp, « qu'il
lui expliquera cela plus tard ». Nous repartons
consternés. Est-ce une répétition de la bouffon-
nerie nocturne d'avant-hier, et aurait-on reconnu
que l'ennemi était sur ses gardes?

Dans son rapport sommaire sur les opérations
de l'armée du Rhin, le maréchal Bazaine glissant
assez vivement sur cette journée dit : « Une véri-
« table tempête nous surprit et rendit inexécu-
« table tout mouvement offensif dans des terrains

aussi détrempés ». Il y a là une inexactitude importante à relever. D'abord comme je l'ai dit, et comme je l'affirme à nouveau, le temps était très beau et le soleil brillant toute la matinée. Ce n'est qu'à midi que la pluie commença à tomber. Encore ce ne fut pas une pluie continue, mais une alternative d'ondées et d'éclaircies, ainsi que je l'ai noté très exactement. Il est bien vrai, comme le dit le maréchal, que les terrains étaient détrempés, mais c'était là le résultat des pluies de la veille et des jours précédents, et si l'état du terrain ne permettait pas un mouvement de l'armée, pourquoi ne s'en était-on pas aperçu la veille au soir, au moment d'ordonner le mouvement?

Quoiqu'il en soit, aussitôt que la retraite fut ordonnée, nous partîmes, par un soleil magnifique. A six heures, nous arrivions à notre campement où nous n'eûmes que le temps de dresser bien vite nos tentes, une nouvelle bourrasque étant survenue.

Lundi 29. Le temps est décidément devenu affreux. La pluie fouette sur nos tentes, et, traversant la toile, tombe sur nos lits. Ordre nous est envoyé du quartier-général, installé dans une maison de St-Julien, de quitter notre marécage et de nous rapprocher en venant occuper aussi une maison du village.

Mais auparavant il nous faut installer la pompe à vapeur qui doit alimenter le camp de l'eau qu'elle tire d'un puits que nous faisons creuser au bord de la Moselle. En même temps le quartier-général, qui *fait grand* décidément, exige la construction d'un radeau permettant d'aller puiser de l'eau au milieu de la rivière, bien que les deux ponts construits un peu plus haut suffisent à cet effet. Notre général envoie pour surveiller ce radeau son colonel, chef d'état-major, et deux capitaines. Il y vint en outre lui-même; enfin, un lieutenant s'y trouvait avec ses hommes. Avec un pareil déploiement d'officiers, le radeau fut terminé à dix heures.

Il ne servit du reste pas à autre chose qu'au blanchissage, car la pompe donnait trop d'eau pour qu'on eût besoin d'en chercher ailleurs. Au bout de quelque temps même, il fut détruit par des maraudeurs qui volèrent les cordages avec lesquels on l'avait amarré.

Mardi 30. Dans la matinée nous recevons avis d'être prêts à partir entre midi et une heure. Mais, à onze heures, le général nous informe qu'il y a contre-ordre : il le tient du général Changarnier, qu'il vient de rencontrer et qui lui a répété le mot connu : Ordres, contre-ordres, désordre.

Dans la soirée, on parle vaguement de partir cette nuit.

Mercredi 31. A deux heures du matin, l'ordre nous est transmis d'être prêts à sept heures. Nous nous levons à cinq heures, nous chargeons nos bagages, nous déjeûnons et à sept heures nous sommes à cheval. Il fait beaucoup de brouillard. Nous nous mettons à la suite de la division Metman, ainsi que le porte l'ordre, et nous traversons Vallières, Vantoux, comme il y a cinq jours ; à la sortie de ce village, nous faisons halte dans une prairie. Le brouillard est tombé, et il fait maintenant le plus beau temps du monde, le soleil resplendit. Nous nous étendons dans la prairie et nous attendons, mais cette fois sans grand espoir : la ridicule journée du 26 est trop présente à notre esprit pour que nous croyons à quelque chose de sérieux aujourd'hui. D'ailleurs, fait significatif, les bagages ont reçu l'ordre de rester à St-Julien ; si l'on essaye quelque chose aujourd'hui, ce ne sera guère qu'une démonstration sans importance.

Effectivement, nous recommençons la partie de l'autre jour. Vers midi, nous voyons passer des grands chefs; voici le maréchal Lebœuf, voici le général Frossard. Ils s'en vont dans la direction de Mey.

Un dominicain vient parler au général; on ne s'attendait guère à voir un dominicain... Au bout d'un instant, il s'en va à la recherche, paraît-il, du maréchal commandant en chef[1].

A deux heures et demie, le maréchal Lebœuf repasse, et, un moment après, il nous fait demander à la ferme de Bellecroix; là nous trouvons un nombreux état-major. Le général Changarnier, qui s'est attaché au maréchal Lebœuf, le général Frossard, entrent dans la maison d'habitation. Tous les généraux du deuxième et du troisième corps y sont réunis. Au bout d'un quart d'heure notre général sort du conseil : il nous réunit et nous annonce de grandes nouvelles. Le

---

[1] Quelques jours plus tard, il fut arrêté par les Prussiens dans un bois; ces derniers racontèrent qu'intimidé par l'interrogatoire qu'on lui fit subir, il livra des dépêches du maréchal, cachées dans ses semelles. Reste à savoir, si les Prussiens n'ont pas, en faisant ce récit, cédé à leur penchant connu pour les... fictions.

maréchal Bazaine vient de recevoir une dépêche de l'empereur ; le maréchal de Mac-Mahon marche sur Thionville, où nous devons aller lui donner la main.

Il est trois heures. La situation est celle-ci : l'ennemi occupe fortement le village de Ste-Barbe et tout le plateau environnant. Le troisième corps a pour mission d'enlever le village de Noisseville, puis le château de Gras, puis Cheuby et enfin attaquer Ste-Barbe par la droite. Nous devons coucher ce soir à Avancy.

Sur notre droite nous sommes soutenus par le deuxième corps, et à notre gauche nous avons le quatrième qui doit enlever le village de Servigny et attaquer la position de Ste-Barbe par la gauche.

Le général nous dit tout cela très légèrement, et comme s'il s'agissait de la chose du monde la plus simple ; quant à nous, nous trouvons que le troisième corps aura une rude besogne et qu'il sera tard quand on pourra coucher à Avancy. Toutefois, on sait des nouvelles du dehors, on a un plan bien précis, on sait ce qu'on veut faire, enfin on va prendre pour la première fois l'offensive, tout cela nous rend confiance. Les longues heures d'attente et d'impatience de la journée sont

oubliées, tous les motifs de découragement dispa-
raissent et l'on sent que toute l'armée, ayant
secoué sa torpeur, frémit d'impatience.

En avant de la ferme de Grimont, c'est à dire
à cinq cent mètres environ en avant du fort de
St-Julien, on a établi une batterie de position de
24 de qui l'on attend des merveilles [1].

A quatre heures, notre compagnie de réserve
est commandée pour construire, à droite de la route
de Sarrelouis, sur la pente, un épaulement pour
abriter une batterie de 12, qui va s'établir là pour
canonner Noisseville et Retonfay. Abriter les
pièces et les hommes par des terrassements rapides
est assurément une bonne chose, mais, en pareille
circonstance, quand la journée est si avancée,
quand on veut faire tant de choses et que le temps
brûle, n'était-ce pas une folie que de prendre de
pareilles mesures ? Au reste, au bout de cinq mi-

---

[1] Ceci était annoncé officiellement à l'état-major du corps.
Mais un capitaine d'artillerie du 4ᵉ corps m'a assuré *de visu*
que cette batterie se réduisait à *deux* pièces qui n'avaient
servi qu'à donner le signal, et qu'on les avait bientôt ren-
trées en arrière. Il ajoutait que, cependant, une batterie de 24,
qu'il eût été si facile d'établir derrière un retranchement
solide aurait forcé l'ennemi à évacuer Servigny et Stᵉ-Barbe,
en abandonnant ses batteries de position.

nutes, on s'aperçoit de ce non-sens, et la batterie ouvre son feu. Celle de Grimont a déjà engagé l'action depuis un moment et elle envoie ses projectiles sur les batteries ennemies de Servigny.

Quant à nous, nous étudions à la fois sur nos cartes et sur le terrain même, que nous examinons à l'aide de nos lunettes, les positions qui nous ont été signalées comme devant être attaquées.

Devant nous, le village de Noisseville nous apparaît ne donnant pas signe de vie. Sur la droite, à la vérité, on prétend voir une batterie dont on va jusqu'à compter distinctement les pièces. Notre général, muni d'une excellente lorgnette, les voit parfaitement : mais quelques officiers, moins ardents, ne voient que des arbres, et il fut reconnu par la suite qu'il n'y avait en effet pas autre chose.

A quatre heures et demie, nos batteries ouvrent le feu. Au bout d'une demi-heure, le maréchal Lebœuf, admirablement placé sur une hauteur qui, dominant le vallon, permet d'embrasser toute la ligne d'attaque, depuis Montoy jusqu'à Servigny, quitte cette position, descend dans le fond de Lauvallière et remonte sur la pente opposée du ravin. Deux batteries d'artillerie se portent, l'une à notre droite, l'autre à notre gauche, et quand nous paraissons sur le plateau, nous nous trouvons en première ligne. A 5 ou 600 mètres de nous, une auberge, sur la route, appelée *Ferme de l'Amitié* (ou aussi de la Fidélité) est occupée par les Prussiens, dont nous voyons les têtes par dessus le mur de la ferme, dont les bâtiments sont crénelés. Un bataillon d'infanterie se prépare à les en déloger. La batterie, à notre gauche, canonne la ferme et le mur de l'enclos. Il est curieux que les soldats, abrités derrière ce mur, n'aient pas eu l'idée de tirer sur notre état-major, où se trouvaient un maréchal, quatre généraux et un grand nombre d'officiers ; à 600 mètres de nous, pouvant tirer avec une grande précision, ils perdirent là une bien belle occasion. Mais ils ne virent que l'infanterie qui s'avançait à leur attaque ; sans doute aussi ne savaient-ils pas qu'ils avaient là, au bout de leur fusil, tout l'état-major du troisième corps : il est certain que leurs officiers n'auraient jamais pu croire que les chefs des corps d'armée français comprenaient assez peu leur rôle pour venir faire parade de leur stérile courage en exposant, sans aucune espèce de motif, tous les officiers-généraux et supérieurs, desquels dépendait la direction de 50,000 hommes [1].

En revanche, si nous fûmes négligés par l'infanterie prussienne, nous fûmes honorés de l'attention de l'artillerie. Une batterie, établie près de Retonfay, couvrait d'obus les deux batteries près de

[1] Je sais qu'on a beaucoup vanté dans les journaux la conduite au feu du maréchal Lebœuf. Des journalistes, qui se représentent sans doute les batailles comme on les voit au cirque, ont dépeint le maréchal couvert de toutes ses décorations et servant, par l'éclat de sa grande tenue, de point de mire aux balles ennemies. Encore un peu, on l'aurait montré le bâton à la main. La vérité est que le maréchal était en tenue comme tout le monde, c'est à dire en casquette et épaulettes : pour un officier qui ne l'aurait pas connu personnellement, le seul signe qui pouvait le faire distinguer des autres généraux dans sa tenue, c'étaient les deux petits bâtons fixés sur les épaulettes, lesquelles ne s'aperçoivent plus à quelques pas. Quant aux décorations, le maréchal portait la plaque de grand-officier *tout au plus*, avec la médaille militaire.

Au surplus, faut-il être assez niais pour signaler à l'admiration des bourgeois de France la façon insensée dont le maréchal exposait et lui et son état-major, alors qu'un pareil manque de bon sens devrait être ajouté à tous les reproches d'incapacité qu'on a faits à cet homme.

Jusques à quand notre amour de la gloriole nous fera-t-il croire qu'un chef de corps ne doit pas plus ménager sa vie qu'un soldat, alors que bien entendu il s'expose sans autre motif que de faire parade de sa bravoure?.

nous et notre groupe. Un éclat frappe au ventre le cheval de notre colonel, un autre atteint à la cuisse le lieutenant R***, parent du maréchal, et pulvérise son porte-monnaie, contenant et contenu. Cependant le maréchal, ne songeant pas à bouger de là, le général Changarnier se décide à lui faire des remontrances et l'engage à revenir plus en arrière. Comme nous partons, le feu prend au village de Montoy, sur notre droite. Il est six heures et quart.

Nous repassons à Lauvallière, et, au-delà du ruisseau, nous nous portons sur la hauteur, au milieu de buttes nombreuses, traces de la bataille du 14. D'ici nous avons une vue d'ensemble du combat. En avant de Noisseville, des bataillons d'infanterie, abrités par la pente du terrain, attendent le moment d'attaquer le village. A gauche, les batteries ennemies, établies à Servigny, font un feu d'enfer dans toutes les directions. L'ennemi avait là des batteries de position excessivement puissantes. Au reste, comme toujours, nous avons le tort de faire de ce combat une lutte d'artillerie. L'ennemi nous l'offre ainsi parce qu'il sait que c'est son avantage, mais nous avons d'autant plus tort de ne pas combattre sa tactique. Je ne parle pas, bien entendu, des positions comme Servigny, défendues par une artillerie formidable; mais devant nous, le village de Noisseville devrait être enlevé, ou tout au moins attaqué depuis longtemps. Il faut tout dire : le maréchal est là, regardant ce qui se passe, mais n'ayant pas l'air de se douter qu'il dépend de lui que les choses aillent autrement. L'infanterie est toujours en avant de Noisseville, couchée à plat dans les sillons. Le terrain est labouré par les obus ennemis, qui, heureusement, trouvant une terre assez molle, s'enfoncent et éclatent sous le sol. Enfin, à un moment, le général Changarnier se fâche et fait donner l'ordre à la brigade Clinchant d'attaquer Noisseville. A quelques pas de lui le maréchal murmure à demi voix : « Bientôt il va me donner des ordres. » C'eût été bien à souhaiter, monsieur le maréchal. Au bout de trois quarts d'heure, le village paraît pris. Mais à Servigny les batteries ennemies tirent toujours à outrance. Vers sept heures et demie, deux batteries à nous s'établissent à Noisseville, et, prenant d'écharpe celles de l'ennemi, paraissent leur causer des dommages sérieux, car leur feu se ralentit. Le village de Servigny brûle; la nuit vient. Nous descendons de la hauteur où nous sommes, et, traversant la vallée où coule le ruisseau de Vallières, nous remontons sur la pente opposée, pour nous arrêter près de Noisseville, au-dessus de Nouilly. C'est de ce côté maintenant que se concentre l'action, et bien que le rôle qui nous avait été assigné ne soit pas rempli, puisque nous devions attaquer le plateau de Ste-Barbe par la droite, cependant nous pouvons encore espérer gagner la journée. Mais il faut se hâter de porter le coup décisif. Le chef du quatrième corps le comprend, car il ordonne de sonner la charge, et l'exemple est bientôt suivi par le troisième corps. Nous assistons alors à une de ces scènes qui font époque dans la vie, et dont, à l'heure présente, le souvenir seul me fait encore frisonner d'enthousiasme. Dans la demi teinte du crépuscule nous voyons s'avancer les régiments en bataille, les tambours battant, les trompettes sonnant la charge. Les mêmes sonneries s'élèvent sonores dans le vallon qui est devant nous, tandis qu'au-delà, sur tout le front du quatrième corps, nous entendons encore, mais affaiblie par la distance et par le tumulte de la bataille, cette même sonnerie courte, simple, monotone. Pour achever le tableau,

qu'on se figure au centre le village de Servigny
où brille la lueur sinistre de l'incendie qui va
grandissant : Servigny, où tous les yeux sont
fixés, où va se décider la journée. La fusillade
éclate alors dans toute sa furie, et pendant un
quart d'heure on ne peut rien saisir de ce qui se
passe, lorsque enfin de grands cris de : *Vive l'empereur*, nous arrivent. Je ne sais qui nous retient
de les répéter, car, à cette heure, dans cette lutte
suprême, ceci ne s'adresse pas à un homme, mais
à l'armée et à la France.

La fusillade diminue petit à petit, cessant complètement par instants, reprenant tout à coup avec
violence. Nous voyons alors que les premières
maisons de Noisseville brûlent à leur tour.

La nuit est tout à fait venue, et avec elle une
obscurité profonde, car un mince croissant de
lune s'élève seulement à l'horizon et va bientôt
disparaître. Nous restons encore là longtemps
immobiles à cheval, nous appelant pour nous reconnaître et partageant quelques vivres pour apai-
ser notre faim que l'ardeur de la lutte nous avait
fait oublier, mais qui se réveille plus impérieuse.
Enfin vers neuf heures, le maréchal rentre à Noisseville, où, dit-il, il veut bivouaquer. Au milieu

du village on s'arrête, sans que l'on sache pourquoi, quand tout à coup un coup de feu part, puis un second, puis d'autres, puis toute une fusillade. Nous entendons les balles siffler autour de nous, sans trop savoir de quel côté elles viennent. C'est un des moments les plus désagréables que j'aie passés au feu que celui-là où, plongés dans l'obscurité, entassés dans un village dont nous ne connaissions pas les débouchés, nous nous trouvions assaillis par des balles qui paraissaient passer en tous sens. Bientôt heureusement la fusillade cesse, et comme nous avons besoin de nos ordonnances, je m'en vais à leur recherche avec M*** et le fils du général. En repassant à Lauvallière, nous sommes bien étonnés d'y trouver le quartier-général que nous croyions avoir laissé à Noisseville. Mais après avoir parlé de bivouaquer dans le village, le maréchal avait jugé plus sage de coucher à l'auberge de Lauvallière. Le fils du général retourna au village rejoindre son père pour lui donner cet avis, pendant que nous continuâmes à aller à la recherche de nos ordonnances. En revenant nous apprîmes de notre général qu'en effet il avait trouvé dans une chambre de l'auberge, d'une part le maréchal cou-

ché dans un lit, de l'autre le général Changarnier[1].
Il n'avait eu que le temps de leur souhaiter le bon-
soir.

Notre camarade M*** rend alors compte au général que sur la route il a été averti par le commandant du génie de la première division, qui
avait reçu l'ordre de retrancher Noisseville que
ses hommes ne suffisaient pas à la tâche, et que
d'autre part le général Clinchant, ayant refusé de
lui fournir des travailleurs militaires, parce que
les hommes de sa brigade déjà très fatigués par
l'assaut du village avaient besoin de repos, il était
forcé de nous demander le secours de notre compagnie de réserve. Mais le général lui répondit
qu'il ne pouvait disposer ainsi de sa compagnie
de réserve sans un ordre supérieur. Ici se trouve
un exemple remarquable d'une faute partagée

[1] Un détail plaisant : on s'était si souvent plaint de l'em-
combrement des bagages pendant toute nos marches, que
cette fois on n'avait rien pris du tout. Je ne veux pas de
bagages, avait dit le maréchal. Seulement, pendant la journée, ses cantines de vivres étaient arrivées à l'auberge de
Lauvallière, et sur la table se voyaient les restes d'un repas,
simple assurément, mais qui eût excité néanmoins bien des
convoitises parmi tous les estomacs absolument creux qui
n'avaient rien pris depuis le matin.

par un grand nombre de chefs, faute qui eut
pour conséquence de permettre à l'ennemi un retour offensif sur Noisseville et l'occupation de la
moitié de ce village. Le général Clinchant eut
certainement tort de refuser les cent ou deux
cents hommes qu'on lui demandait. Dans la position critique où nous nous trouvions il n'y a pas
de fatigue qui tienne : il vaut mieux fatiguer les
hommes que les faire tuer : d'ailleurs il eût pu,
là besogne terminée, renvoyer en arrière les travailleurs se reposer. En second lieu le maréchal
avait-il le droit d'aller se coucher dans son lit en
présence de la lutte imminente du lendemain, et
n'aurait-il pas dû auparavant assurer la conserva-
tion des positions conquises, en faisant relever par
des troupes fraîches les troupes qui avaient donné
en première ligne et en faisant fortifier les positions? Le maréchal croyait avoir tout fait parce
qu'il s'était exposé au feu pendant toute la journée ; mais il eût été autrement profitable qu'il fît
moins parade de sa bravoure, et que le soir il
veillât longtemps, sinon toute la nuit, pour assurer le succès du lendemain. Enfin notre général ne
fut-il pas lui-même blâmable de ne pas oser, lui
général de division, prendre la responsabilité d'une
décision aussi simple, aussi clairement urgente?

A notre tour nous cherchons un coin où nous caser. Je me souviens qu'il y a à Lauvallière une tannerie à laquelle personne n'a encore songé : je cours en prendre possession. Nous y trouvons des fourrages en quantité, et une petite habitation : le général prend une chambre, y allume du feu et s'étend sur une chaise ; dans une autre chambre nous faisons étendre par nos ordonnances un épais lit de paille, sur lequel nous nous couchons après avoir fait un repas sommaire. Il est une heure du matin.

1ᵉʳ *septembre*. Au point du jour je me lève, et comme il est certain qu'il ne faut plus espérer dormir longtemps, je fais allumer un bon feu dans la cuisine. Un instant après, nous montons à cheval pour rejoindre le maréchal. A l'auberge de Noisseville, nous voyons quelques prisonniers ennemis. L'état-major général se porte sur la hauteur, à gauche de la route, près de Noisseville. Mais rien ne bouge encore. Un brouillard assez épais empêche de rien distinguer au delà de cinq cents métres, de sorte que nous rentrons à Lauvallière. Au reste je voudrais bien savoir si le maréchal connaît les résultats d'hier et s'il a un plan pour aujourd'hui. En tout cas ce qu'il y a de remar-

quable, c'est que depuis le commencement de la
bataille d'hier jusque maintenant, le général Bazaine n'a pas donné signe de vie. Lui, nous ne
l'avons pas vu ; quant à ses estafettes, s'il en
envoye, le secret est bien gardé, car nous, qui
entourions le maréchal, n'en avons pas entendu
parler.

Nous sommes rentrés à la tannerie de Lauvallière depuis un moment quand nous entendons
éclater un obus dans le vallon, puis d'autres. Nous
sommes cependant bien en arrière et nous ne com-
prenons pas d'où peuvent venir ces projectiles.
Mais au bout d'un moment on reconnaît qu'ils
viennent de Servigny, d'où l'ennemi nous canonne
comme hier. Que s'était-il donc passé de ce côté ?
Quelque chose de bien simple, si incroyable que
cela doive paraître. Hier à la nuit, nous avions
enfin réussi à enlever Servigny. Nous avions
trouvé là des batteries de position que l'ennemi
n'avait pu emmener et qui étaient tombées entre
nos mains. On pouvait emmener ces pièces ou les
mettre hors de service ; pour une raison ou pour
une autre, on ne voulut pas du premier parti et,
quant au second, on le négligea. Un capitaine
d'artillerie (de qui je tiens le fait qu'il a relaté

dans l'historique de sa batterie) se trouvant inac-
tif en arrière, et apprenant par les blessés qui
revenaient que dix-huit pièces de position environ
étaient tombées entre nos mains, avait offert au
commandant de l'artillerie divisionnaire d'aller
avec ses attelages essayer d'emmener les pièces,
et s'il n'y pouvait parvenir, de les enclouer, de les
mettre hors des ervice, et de faire sauter toutes les
munitions. Mais, en l'absence du colonel le chef
d'escadron ne veulut pas lui donner cette auto-
risation. En vain le capitaine fit-il valoir les raisons les plus décisives : qu'un retour offensif
était à craindre pour la nuit, que, si l'on devait se
replier, ces pièces nous feraient grand mal; en
vain même offrit-il de *prendre cette démarche sous
sa seule responsabilité* : rien n'y fit, le colonel
n'était pas là.

Or, pendant la nuit, nos troupes, qui occupaient
Servigny, et qui, sans doute pas plus qu'ailleurs,
n'avaient été relevées, furent assaillies par l'ennemi. Les attaques de nuit nous ont toujours été
funestes, le sang froid nous abandonnant dans
l'obscurité. Aussi le village fut-il repris par l'ennemi qui dut avoir de nous une étrange opinion,
en trouvant ses pièces dans l'état où il avait dû

les abandonner la veille. Le matin, aussitôt que le brouillard se fut un peu dissipé, il recommença sa terrible canonnade.

Dès que les premiers obus tombèrent dans le creux de Lauvallière, nous revînmes rejoindre le maréchal. Le général à ce moment donne l'ordre au capitaine C*** de conduire la moitié de la compagnie de réserve construire un épaulement de batterie à l'endroit que désignera le général commandant l'artillerie du corps; puis, à moi, l'ordre de conduire l'autre section au village de Noisseville pour la mettre à la disposition du commandant du génie qui demandait hier soir du renfort, et qui doit en avoir encore plus besoin, car dans le village retentit une fusillade nourrie. Je conduis la section à travers champs, nous dirigeant droit sur l'église. A mesure que nous approchons, les balles passent plus nombreuses. Dans les champs que nous traversons nous voyons les morts de la veille. Arrivés au village, on se met à l'abri derrière une maison pour pouvoir décharger les outils de la voiture ; puis, laissant là mon cheval, je me dirige vers l'église, où se trouve le commandant que je cherche.

Nous escaladons rapidement le petit mur du

cimetière, au milieu de la fusillade ; sous le portail de l'église, je trouve le commandant M*** et lui annonce le petit renfort que je lui amène. Mais il me dit qu'il n'en a plus besoin à présent, et que ce n'est pas sous le feu qu'il peut faire de nouveaux travaux. Il envoye donc la section en réserve dans une cour près de là. Il me raconte alors ce qui s'est passé. Pendant la nuit, l'ennemi est revenu assaillir le village. Les hommes, fatigués ou mal éclairés, en ont laissé reprendre une partie, de sorte que maintenant on se fusille presque à bout portant, à cinquante mètres environ. Il me montre en même temps quelles dispositions il a pu prendre à la hâte pendant la nuit pour fortifier notre position.

Je retourne un moment auprès de la section que j'ai amenée. Là je vois plusieurs officiers du 95e ; ils me racontent tout bas qu'ils sont là depuis la veille ; que leurs hommes, après avoir enlevé le village et dépensé beaucoup de munitions n'ont pas été relevés ; ils sont à bout de forces et de cartouches, et leur moral s'en ressent. Ils demandent si l'on veut les faire périr là sans les secourir.

En même temps que la fusillade redouble d'in-

tensité, une batterie de mitrailleuses, établie près
de l'auberge de l'Amitié, ouvrit son feu qui ranima
l'espoir des défenseurs du village. Mais les projectiles ennemis ne lui laissèrent pas le temps de
tirer beaucoup.

Je remonte à cheval, et, voyant l'état-major
général à 500 mètres sur la grande route, je pars
au galop, pour rendre compte au général de ce
que j'ai appris. Le maréchal, fidèle à son pro-
gramme est là sur la route, immobile à cheval,
regardant peut-être, mais certainement ne
voyant pas. Les obus cependant tombent de tous
côtés. Nous nous reportons un peu en arrière,
mais sans grand succès, car nous sommes appa-
remment si bien vus que les obus nous suivent.
Plusieurs d'entre nous ont la précaution de se
tenir dans les champs, où la terre assez molle se
laisse pénétrer. Moins avisé, le capitaine d'état-
major de Vaudrimey se trouve sur la route, à
vingt pas de moi, causant avec notre camarade
M*** quand un obus, tombant à ses pieds sur le
sol durci de la route, éclate sous son cheval. Le
capitaine se renverse, est entraîné pendant quelques pas, et tombe de cheval; on court à lui, on le
relève, mais il meurt un instant après. Par un ha-

sard bien heureux, notre camarade M*** placé à côté de lui, n'a pas été touché : seulement son cheval est comme frappé de stupeur : il reste immobile, tremblant de tous ses membres. Un instant après, nous voyons passer le commandant M*** de l'état-major, atteint à la tête : puis un lieutenant d'artillerie attaché au maréchal, qui se trouve démonté.

Nous revenons vers le maréchal, qui se tient près de la ferme de l'Amitié, en première ligne sous le feu des obus qui se croisent sur nous, venant de notre droite et de notre gauche, de Retonfay et de Servigny. Évidemment l'ennemi veut nous déloger de la ferme. Sur notre droite, il devient évident que le deuxième corps faiblit. Il est huit heures, la journée s'annonce mal.

Les obus ne cessent de pleuvoir sur cette malheureuse ferme de l'Amitié, bien mal nommée ce jour-là. A tout instant nous recevons des tuiles qui s'écroulent du toit, en même temps que les éclats de fonte et la mitraille des obus à balles sifflent de tous côtés.

Le capitaine Gisbert, de l'état-major, part pour porter un ordre, quand un éclat lui fracasse le bras. Au moment où le général Manèque, notre chef d'état-major s'approche de lui pour le voir, il tombe lui-même atteint à la cuisse.

A ce moment, le maréchal renvoie les généraux de l'artillerie et du génie qui, dit-il, ne sont d'aucune utilité pour le présent. Nous montons donc à cheval et nous partons, mais je me demande si nous arriverons intacts à Lauvallière. Nous y passons cependant un quart d'heure après. Mais nous ne nous y arrêtons même pas, car la triste vérité apparaît maintenant : l'armée bat en retraite. Le troisième corps est actuellement le plus en avant, il ne peut plus rester là sans se compromettre. Nous remontons donc le long de la route que nous avons descendue hier.

Tout près de la ferme de Bellecroix, nous faisons une étonnante rencontre. Le général Frossard, à pied, arrêté, demande à notre général pourquoi donc ce mouvement de retraite. Le général lui répond que nous sommes forcés de reculer parce que le corps qui doit nous appuyer à notre droite recule depuis ce matin. Ce corps, c'est le deuxième. Comment le général Frossard se trouvait-il là dans un pareil moment? pourquoi avons nous dû le renseigner sur ce que devenait le corps qu'il commandait? c'est ce que personne de nous n'a jamais compris.

Nous restons là assez longtemps, pendant que s'exécute la retraite, qui, mince consolation, se fit avec le plus grand ordre. Au reste, l'ennemi ne parut pas vouloir nous poursuivre le moins du monde. Quand il eut reconquis ses positions de la veille, il s'en tint là. Petit à petit, la canonnade d'abord, puis la fusillade cessent. Il est midi.

Les commandants de corps d'armée passent, se rendant à Mey, dit-on, auprès du maréchal Bazaine pour se décider si l'on se retirera dans les positions de l'avant-veille ou si l'on recommencera une nouvelle attaque. Mais avec la consommation de munitions qui s'est faite depuis vingt quatre heures, avec la fatigue de l'armée, du moins des divisions qui ont donné, enfin avec la triste impression produite par notre retraite de la matinée, le résultat du conseil est évident à l'avance. En effet, à deux heures et demie, nous recevons l'ordre de rentrer à St-Julien et nous partons aussitôt. Sur notre route nous trouvons toute l'armée échelonnée. Les abords de St-Julien sont couverts de masses considérables dont la présence rend peu explicable le mouvement de retraite.

Telles furent les deux journées de la bataille de Noisseville. Pour nous ce fut, de toute la campagne, la bataille la plus sérieuse non pas tant par les pertes réciproques des deux armées, puisque nous ne les connûmes pas, que par ce fait que la lutte ne se borna pas, comme le 16 et le 18 août à une immense canonnade. L'infanterie se montra autrement que blottie dans des tranchées-abris, et s'il y a une preuve éclatante de la valeur de l'armée de Metz, même après la réussite du plan de l'ennemi et notre rejet sous la place, ce fut sa conduite dans ces deux journées. Les positions de Noisseville et de Servigny avaient été enlevées avec la plus grande bravoure, et au prix des plus grands efforts.

Notre artillerie avait en outre tenu tête à l'artillerie ennemie si vantée. On s'était plus servi de nos batteries de 12 et il est hors de doute que lorsqu'elle avait été dans de bonnes conditions, c'est à dire bien commandée et par suite établie dans des positions judicieusement choisies, elle s'était parfaitement comportée. Comment donc tout cela n'aboutit-il qu'à des pertes de notre armée sans aucun résultat utile? Pourquoi la bravoure et la solidité de nos troupes ne conduisirent-elles qu'à une démonstration brillante, mais sanglante? Aujourd'hui que ces événements ne sont plus si rapprochés de nous, et que les opinions exagérées, soulevées par l'excitation des esprits ont dû céder à la discussion calme et impartiale des faits, ce qu'il paraît le plus juste de penser, c'est que le maréchal commandant en chef *ne voulait pas se porter en avant*. Ne pouvant rester immobile en présence des nouvelles qu'il recevait du dehors, il fit semblant de vouloir donner la main à Mac-Mahon, mais il ne le voulut certainement pas un instant. Comme de ce parti pris du général en chef est résulté le sort ultérieur de l'armée de **Metz**, et comme il est impossible de prévoir ce qui serait advenu s'il eût eu les projets qu'il prétendait avoir, c'est à dire de quitter Metz pour gagner Thionville, il me semble utile de résumer les faits principaux de ces deux journées.

C'est le **31**, à trois heures du soir, que l'on annonce à l'armée qu'on *vient de recevoir* un message de l'empereur.

Et, en effet, on ne pourrait expliquer autrement l'immobilité de l'armée, qui attend depuis le matin et qui, par ce temps perdu, permet à l'ennemi de concentrer ses forces en avant de nos positions. Or, si l'on consulte le rapport sommaire publié par le maréchal Bazaine sur les opérations de l'armée de Metz, on y verra que le message de l'empereur avait été reçu le 30 août, c'est à dire la veille de la bataille? Dès lors il devient absolument inexplicable que, deux corps d'armée étant déjà sur la rive droite, et n'ayant à faire qu'un kilomètre et demi en avant, les deux autres corps pouvant traverser la Moselle soit sur les ponts de Metz, soit sur les deux ponts de bateaux établis en aval, il est inexplicable qu'on ait attendu que la journée fût fort avancée pour engager l'action.

En second lieu, il est fort étrange que ni dans la journée du 31, ni dans la matinée du 1ᵉʳ on n'ait aperçu le maréchal commandant en chef[1]. Que le deuxième et le sixième corps, placés aux ailes aient été un peu laissés à eux-mêmes, cela se concevrait ; mais pour le troisième et le quatrième, sur lesquels portait tout l'effort de la bataille, on ne peut comprendre comment le maréchal ne s'est pas montré à eux, tant pour juger les mouvements que pour exciter le moral des troupes.

[1] Dans le 3ᵉ corps, le maréchal ne se montra pas. Quant au 4ᵉ, les renseignements que j'ai pu prendre m'ont appris que le 31, le maréchal se porta bien en avant avec son escorte, mais pour rentrer à la ferme de Grimont à cinq heures, c'est à dire au début de la bataille. Depuis lors, on ne le vit plus, ni ce jour-là, ni le lendemain.

On a encore trouvé une preuve du peu de désir que le maréchàl avait de traverser les lignes ennemies dans ce fait significatif, en effet, que les bagages n'avaient pas d'ordre pour marcher et que partout ils restèrent au campement.

Quoi qu'il en soit, le maréchal s'est bien mal disculpé de tous les reproches qu'on lui adressait sur cette question. Dans le *rapport sommaire* qu'il a publié, il parle très lestement de ces journées que nos troupes avaient cependant prises plus sérieusement. « L'opération, dit-il, réussit en partie le 31 ». Pour ceux qui ont vu de près l'opiniâtreté de la lutte, pauvres sont ces paroles. L'aumône est faible pour tant de sang versé. « Mais, ajoute-t-il, pendant la nuit, les troupes qui occupaient Servigny furent obligées de se replier par suite d'un retour offensif de l'ennemi en nombre très supérieur ». Ici par exemple, c'est autre chose.

Qui le maréchal croit-il tromper? A qui fera-t-il admettre qu'une armée de 150,000 hommes, adossée à des forts, par conséquent absolument rassurée sur ses derrières, enhardie par un succès, a trouvé devant elle un *ennemi très supérieur?* Il est bien évident tout au contraire que l'avantage de la supériorité numérique se trouvait de notre côté, l'ennemi ne pouvant dégarnir beaucoup ses lignes d'investissement, ne sachant pas si l'attaque en un point donné n'était pas une feinte.

Et quant à dire enfin que « il était à craindre que l'ennemi ne nous attaquât pendant notre retour », il était bien facile de remarquer de très bonne heure au contraire que l'ennemi ne s'occupait que de ressaisir ses positions de la veille. Quand il les eut regagnées, il ne fit plus un pas en avant, sachant sans doute où commençait le rayon d'action de nos forts.

Depuis ce jour, comme on l'a fait remarquer, l'armée de Metz n'a franchi plus en armes les lignes du camp.

V

LE BLOCUS JUSQU'AU 1ᵉʳ OCTOBRE

2 *septembre*. Après les émotions des jours précédents, le repos est bien nécessaire, et cependant il
pèse. Avoir espéré sortir brillamment d'une situation inquiétante, et se retrouver aussi peu avancé
qu'avant! Aussi la journée est lourde. Elle n'est
pas gaie non plus. A midi, nous allons au service
du capitaine de Vaudrimey, dont on a à grand'
peine retrouvé le corps caché sous la paille à l'auberge de Lauvallière. Il avait été dépouillé de ses
objets précieux sans qu'on puisse savoir par qui.
Le service a lieu dans la petite église de St-Julien.
Le maréchal Lebœuf, le général Changarnier sont
là avec tout l'état-major général du corps. Il est
impossible de voir une figure plus indifférente
que celle du maréchal. Là, comme ailleurs, il
est présent de corps, mais à quoi peut-il bien
penser? Évidemment, il ne lui vient pas à l'idée
que c'est lui qui est la cause de la mort de ce jeune

officier, tué absolument sans utilité. Au reste, l'homme se peint bien dans ce mot qu'il aurait, paraît-il, prononcé hier en rentrant : « J'ait fait éreinter mon état-major. »

Après le service, je monte au fort de St-Julien pour y regarder, au télescope, les positions de l'ennemi. Je le trouve bien plus en force que je ne croyais. Je vois le pont de bateaux d'Argancy et les camps de Malroy et de Ste-Barbe. Dans la plaine de la Moselle, on voit des détachements ramener du fourrage.

Le soir je vais à Metz, et, comme j'ai entendu parler de pièces prises à l'ennemi, je vais à l'arsenal, où j'en vois deux ; ce sont des pièces de campagne de leurs batteries légères : je les examine en détail. Le garde d'artillerie qui me les montre m'assure qu'il n'y en a pas d'autres ni à l'arsenal, ni ailleurs.

Samedi 3. Dans la matinée on nous convoque à un service qui sera célébré, à midi, dans l'église de St-Julien, pour les morts de la campagne ; cette pensée nous paraît fort digne, à la condition toutefois qu'on n'en abuse pas, car je ne crois pas qu'il faille s'appesantir beaucoup sur ces idées funèbres. Au moment de nous y rendre, nous apprenons une nouvelle qui nous étonne et nous afflige beaucoup : le général Decaen est mort hier à Metz. Il avait reçu le 14 une blessure fort légère et depuis lors on avait donné de son état les meilleures nouvelles. Aujourd'hui on dit que c'est la fièvre qui l'a emporté ; il est du reste à remarquer que pour plusieurs officiers que nous vîmes tomber près de nous, on commença par déclarer leur situation fort bonne, et qu'ils succombèrent ensuite subitement.

A midi, je vais au service ; à l'entrée du maréchal, la musique militaire joue dans l'église un pas redoublé des plus gais : étrange idée. En sortant de là j'apprends que je suis désigné, avec le capitaine B***, pour assister à Metz à l'enterrement du général Decaen. Nous y allons à deux heures. A la division, où l'on se réunit, il y a foule de généraux ; il y en a tant qu'on se demande ce qui arriverait si l'ennemi attaquait nos positions : il est vrai que les malintentionnés ont prétendu depuis qu'on s'était entendu à ce sujet.

Dimanche 4. Oisiveté fatigante. La correspondance, il n'en faut plus parler depuis longtemps ; nous en sommes réduits à lire ce que nous pouvons trouver en ville, et, sous prétexte de blocus, le choix n'est pas riche. Dans les journaux de Metz nous voyons des comptes-rendus des journées du 31 et du 1ᵉʳ. Il n'est pas permis de mentir avec cette impudence. Il y a surtout un certain correspondant du Français qui met dans la bouche du maréchal Lebœuf et du général Changarnier des paroles qu'ils n'ont jamais prononcées, qui les envoye dans des endroits où ils n'ont jamais été, qui leur fait casser des canons auxquels on n'a jamais touché, et qui enfin a l'impudence de dire que l'artillerie ennemie envoyait ses projectiles dans le vide.

Jeudi 8. Encore une triste nouvelle pour nous. Le capitaine Gisbert, de l'état-major du corps, vient de succomber : le bras fracassé à la ferme de l'Amitié, il avait dû subir l'amputation ; depuis, on en donnait de bonnes nouvelles, mais on dit aujourd'hui qu'il est mort de faim, en ce sens qu'il ne pouvait prendre aucune nourriture.

Les nouvelles les plus étranges circulent. Comme il est impossible de discerner la vérité, je les enregistre pêle-mêle. On dit que la République est proclamée — que l'empereur est bloqué à Stenay — que le duché de Posen s'est soulevé — que l'Autriche a déclaré la guerre à la Prusse — que

Mac-Mahon a subi des échecs. Attendons, c'est notre seule ressource.

En causant avec nous, notre général nous raconte la conversation qu'il a eue avant-hier avec le maréchal Lebœuf. Depuis le commencement de l'année, la guerre avec la Prusse était décidée. On avait songé à l'alliance autrichienne. Pour éviter d'éveiller les soupçons par une conférence quasi officielle, on aurait ménagé à notre ambassadeur une entrevue *fortuite* dans un parc. L'empereur d'Autriche avait alors promis son concours. Après la déclaration de guerre du 15 juillet, le gouvernement français avait demandé à l'Autriche de tenir sa promesse. Au mois d'août seulement, l'empereur Napoléon aurait reçu la réponse de l'empereur François-Joseph. Tout en disant que l'alliance était dans les intérêts des deux peuples, celui-ci aurait annoncé que les aspirations allemandes de la plus grande partie de son peuple, jointes au souvenir récent des relations avec la France, l'empêchaient absolument de marcher contre l'Allemagne. C'est alors qu'on se serait décidé à renoncer à l'offensive, pour se tenir simplement sur la défensive. Puis les revers de Spickeren et de Reischoffen auraient forcé à la retraite.

Ce récit pourra paraître étrange : je suis tellement de cet avis que moi-même j'ai peine à l'admettre, et que je me demande si je n'ai pas rêvé.
Et cependant ce n'est pas de souvenir que j'ai écrit
ces lignes. Je les copie presque textuellement dans
les notes que je prenais pendant la campagne, et je
puis garantir — non pas qu'elles sont vraies —
mais qu'elles sont le résumé d'une conversation
tenue par le maréchal Lebœuf à notre général, qui
nous la répéta.

On parle de construire à Metz des ballons auxquels on confierait des dépêches, que l'on aban-
donnerait au hasard du vent. Plusieurs, sans
doute, tomberont entre les mains de l'ennemi. Les
vents d'ouest et de sud-ouest, les plus fréquents,
ne nous seront pas favorables. Mais dans le
nombre il serait bien malheureux qu'aucun ne
parvînt entre des mains amies, et dès lors quelle
ressource pour tant de familles, qui n'ont pas de
lettres depuis trois semaines, de pouvoir apprendre
que ceux qu'elles aiment se portent bien.

Vendredi 9. A six heures, nous recevons l'ordre
de monter à cheval. Pendant la nuit, dit la note
qui nous est transmise, l'ennemi a *attaqué* la ferme
de Bellecroix ; il s'agit de la *reprendre*. Cette ma-

nière d'éviter de dire que l'ennemi a *pris* la ferme nous fait sourire. Il fait un temps épouvantable, une pluie battante. Nous allons d'abord au petit fort des Bordes, qui est à 1 kilomètre en arrière de la ferme, et là nous apprenons que celle-ci sera facile à reprendre, l'ennemi l'ayant abandonnée de lui-même. Nous nous y rendons aussitôt. Un bâtiment, le plus avancé, est en feu. Dans les autres, nous trouvons des sacs à poudre et une mèche. Heureusement, le but est manqué. Mais, de notre côté, l'affaire n'a pas été brillante. La ferme était occupée par un escadron de dragons, et gardée en avant par un bataillon du 7ᵉ, protégé par des tranchées. Pendant la nuit, ce bataillon, se croyant attaqué par des forces considérables, s'est enfui précipitamment, sans essayer de résister, et toutes ses pertes se réduisent à un caporal tué pendant qu'il se sauvait, et que nous voyons dans un champ en arrière. Quant aux dragons, ils se sont laissé entraîner par la panique, et sont partis précipitamment. Un épisode comique : un sous-lieutenant de dragons, pressé comme les autres, n'a pas vu que son cheval n'était pas bien sellé ; en voulant monter à cheval, il a fait tourner la selle, et il a laissé tomber par terre différents objets qu'on retrouve actuellement : l'un lui rapporte sa casquette, l'autre son revolver. Quant à lui, il se tient tout honteux au fond d'une grange, réparant les désordres de sa tenue.

On décide de fortifier plus solidement la position. Nos sapeurs de la réserve, sous la pluie battante, commencent un retranchement palissadé sur la route, que l'on coupe en même temps. Le bâtiment qui brûle est rasé, les autres sont mis en meilleur état de défense, et, quand le travail sera achevé, on aura là un petit poste avancé bien garanti contre un coup de main.

Dans l'après-midi, vers quatre heures, quelques tirailleurs ennemis voulurent gêner nos travailleurs en les fusillant d'assez loin ; mais leurs balles n'atteignirent personne ; seulement on put voir là un des défauts de nos soldats ; aux premiers coups de feu, les fantassins qui travaillaient, et nos sapeurs eux-mêmes coururent à leurs fusils, et commencèrent alors sur les quelques tirailleurs ennemis dont on voyait seulement le haut du corps une fusillade nourrie, qui fit dépenser en pure perte beaucoup de munitions. En vain les officiers commandèrent-ils plusieurs fois de cesser le feu. Les hommes, pleins de gaîté, n'en voulaient pas tenir compte. Or il n'est pas discutable qu'après un pareil commandement, on ne devrait plus entendre un seul coup de feu, et que le devoir des officiers serait de punir très sévèrement tous ceux qui, grisés par la fusillade, se croient le droit de rester sourds à la voix de leurs chefs. On a beaucoup parlé depuis du manque de discipline de l'armée française, et plusieurs officiers, poussés alors à l'exagération, en voyaient une preuve dans l'oubli fréquent des marques de respect dûs par les soldats. Je ne partage pas cette opinion, et je ne crois pas qu'un homme inattentif à saluer un officier soit un mauvais soldat. Mais la faute que je signalais tout à l'heure me paraît autrement sérieuse, par les graves conséquences qu'elle amène sur le champ de bataille. Si les officiers ne sont pas seuls juges de l'opportunité du commencement et de la fin du feu, si les hommes, se grisant eux-mêmes, tirent à outrance, il arrivera, comme nous l'avons vu plus d'une fois, que les troupes épuiseront leurs munitions souvent même sans savoir au juste sur quoi elles tirent. Quand on songe que les hommes avaient sur eux quatre-vingt-dix cartouches, et

qu'on a porté quelquefois ce nombre à cent huit,
on est stupéfait d'apprendre qu'ils avaient souvent
épuisé leurs munitions dans une seule journée.
Au reste jamais je n'ai pu mieux en juger que le
jour dont je parle : plus de deux cents hommes
faisaient un feu roulant sur cinquante tirailleurs
ennemis ,abrités par un pli de terrain, et ne dé-
couvrant que leur tête. Si l'on en avait cru les
nôtres chaque fois qu'ils assuraient avoir touché
leur homme, on en aurait tué bien plus qu'il ne
s'en montrait.

Dans la soirée, la pluie, qui n'a pas cessé de
tomber toute la journée, se change en une véritable tempête : un ouragan terrible se déchaîne.
A sept heures, au milieu du vacarme des rafales de
vent et de pluie, une terrible canonnade s'engage :
des forts de Queuleu et de Saint-Quentin, les coups
des pièces de 24 se succèdent sans interruption,
malgré l'obscurité qui commence. Cette canonnade enragée, qui nous fit croire d'abord à une
attaque de vive force dirigée sur le fort de Queuleu, retentit sans se ralentir pendant une heure
et demie, bien que la nuit fût déjà venue. Nous
ne sûmes jamais bien quel en avait été le but :
beaucoup de projectiles tombèrent dans le Ban-

Saint-Martin et jetèrent le désordre dans le camp du quatrième corps, mais on ne peut admettre qu'une telle dépense de poudre n'eût pour but que ce résultat : le plus étrange fut le choix de l'heure d'abord, et ensuite d'une nuit aussi orageuse ; quant aux dégâts produits dans les forts, ils furent nuls : il n'y eut, je crois bien, qu'un homme tué à Queuleu, encore le fut-il par une pierre de corniche de la caserne, que fit tomber un obus.

Isolés comme nous l'étions et n'ayant pas de nouvelles depuis les derniers jours d'août, nous crûmes généralement que cette canonnade avait pour but de nous masquer le bruit de la canonnade plus lointaine d'une armée de secours. Mais la suite nous détrompa. Une version qui s'acrédita plus tard, quand nous connûmes les événements de Sedan fut qu'on voulut faire croire aux prisonniers qui passaient alors à Pont-à-Mousson que Metz subissait un bombardement ; mais il aurait fallu alors continuer cette canonnade pendant tout le temps du passage des prisonniers, c'est à dire beaucoup plus longtemps qu'une heure et demie.

Samedi 10. Ce matin, nouvel étonnement douloureux ; nous apprenons que le général Manèque, chef d'état-major du corps, est mort subitement cette nuit. De lui aussi on donnait jusqu'ici les meilleures nouvelles [1]. On assurait que sa convalescence serait longue, mais nullement inquiétante. Cette nuit, il est mort en moins de cinq minutes, sans que les médecins puissent en donner l'explication.

Des bruits bien tristes circulent aujourd'hui dans le camp. Dès mercredi dernier on avait prétendu que des prisonniers échangés avaient rapporté de fâcheuses nouvelles de l'armée de Mac-Mahon. Mais comme, depuis le temps que nous sommes privés de nouvelles, nous avons déjà été dupes de bruits fabuleux [2], on ne s'en était ému que médiocrement. Mais aujourd'hui ces bruits ont pris beaucoup plus de consistance,

---

[1] La blessure que le général Manèque a reçue à la cuisse est sans gravité. Aucun organe essentiel n'a été touché.

(*Indépendant de la Moselle* du 7 septembre.)

[2] Le 27 août, un soldat du 1er chasseur avait pu entrer à Metz et y avait annoncé une grande victoire de Mac-Mahon à Verdun. Le plus étrange, c'étaient les détails qu'il donnait. On avait, disait-il, laissé entrer l'avant-garde dans la ville, et on l'avait anéantie *avec des mitrailleuses dans les rues,* (c'est à dire à distance de 200 mètres) puis l'armée française aurait enveloppé l'armée prussienne, lui aurait tué 35,000 hommes, etc... le reste à l'avenant.

et sont accueillis par des gens sérieux, qui regardent comme assurée la nouvelle de la chute de l'Empire. On attend une communication émanant d'en haut.

Dimanche 11. Le troisième corps a enterré aujourd'hui le général Manèque. Le service a été célébré dans l'église du village de Saint-Julien, où le général est mort dans la maison qu'il occupait depuis le 22 août. On a beaucoup remarqué que la musique militaire avait exécuté le *Domine salvum*. Par la suite on donna de ce fait une singulière explication. Aux messes d'enterrement, disait-on, on ne doit pas chanter de *Domine salvum;* mais dans la circonstance présente, on aurait tiré de là des conclusions fâcheuses. A mon avis, c'est précisément le contraire qu'il fallait dire. Puisque le *Domine salvum* ne se chante pas aux services funèbres, il n'y avait rien d'étonnant à ce qu'on l'omît; le chanter au contraire, c'était donner un démenti aux bruits qui circulaient, et un démenti de peu de durée, comme on va le voir.

Comme on se dirige vers le cimetière, le maréchal Bazaine arrive à cheval avec son état-major, dans lesquels je vois ses deux neveux, lieutenants tous deux, qui viennent d'être décorés : c'est bien le moins. Après la cérémonie, le maréchal a réuni les officiers généraux pour tenir un grand conseil, ou plutôt une grande causerie. Il y a annoncé qu'il parait avéré qu'après trois jours de batailles autour de Sedan, le maréchal de Mac-Mahon aurait subi un échec suivant les uns, un désastre suivant les autres. On paraît, en outre, à peu près convaincu que l'empire n'existe plus. Parmi les officiers que je vois depuis le début de la campagne, les sympathies pour l'empereur sont trop nulles pour que personne regrette aujourd'hui sa chute. D'ailleurs, parmi les nouvelles qui nous sont livrées, celles qui touchent l'intérêt de la France font absolument pâlir celles qui ne concernent qu'un homme.

Ces nouvelles achevèrent de nous ôter une singulière illusion. Depuis un certain temps, du haut de la cathédrale et du fort de Queuleu, on signalait de longues files de troupes se dirigeant de Jouy-aux-Arches sur Courcelles. On en concluait qu'un mouvement de retraite s'opérait chez l'ennemi, et l'espoir renaissait parmi nous, quand on s'aperçut que ce convoi se composait des malheureux prisonniers de Sedan.

Lundi 12. On convoque pour trois heures les commandants de corps d'armée et les commandants d'armes au Ban-Saint-Martin, au grand quartier-général; nous nous attendons à de grandes nouvelles, mais nous sommes déçus dans notre attente. Le maréchal ne fait que répéter ce qu'il a dit hier en petit comité; il a d'ailleurs toujours soin de dire qu'il ne sait rien officiellement.

Seulement il ajoute alors que, dans les circonstances présentes, le parti le plus sage consiste à attendre ici les événements : soit que la paix se conclue avant peu, soit que, la guerre continuant, de nouvelles forces viennent nous délivrer et nous permettre d'engager une lutte nouvelle; à ses yeux, essayer de sortir de notre position, qui est très forte, et que l'ennemi ne se soucie pas d'attaquer, c'est nous exposer à subir le sort de l'armée de Mac-Mahon. En conséquence l'armée restera sous Metz; mais il ajoute en même temps que l'on devra harceler l'ennemi, que chaque corps d'armée pourra, devant son front, faire des opérations partielles dont l'opportunité sera laissée à la décision des commandants de corps, auxquels il s'en rapporte absolument sur ce point.

Si, oubliant le dénouement final, on se reporte

aux circonstances où nous nous trouvions alors, je crois qu'on reconnaîtra que cette décision du maréchal était excessivement sage, et la plus sage à mon avis. La paix en effet était alors non seulement admissible, mais probable. La Prusse avait remporté des succès inouïs, si grands qu'elle n'en pouvait espérer dans l'avenir qui ne fussent moindres en comparaison. Elle avait intérêt à conclure la paix. La France, d'autre part, n'ayant plus d'armée, puisque l'une était anéantie, et l'autre bloquée, n'ayant plus par conséquent de cadres pour organiser des forces nouvelles, avait également intérêt à mettre fin à une guerre dont la continuation pouvait la mettre à bout de ses efforts. Dans ce cas, le mieux pour nous était certainement d'attendre, sans risquer de compromettre une armée nombreuse, dont une défaite eût augmenté les prétentions de la Prusse.

Dans le cas où la lutte continuerait, il était vraisemblable qu'un des plus grands soucis de la défense serait de venir au secours de l'armée de Metz. Alors encore il fallait attendre ; autrement, essayer une trouée était un parti désespéré, que n'exigeaient pas encore les circonstances. D'ailleurs, où aller ? absolument isolés de la patrie, ne sachant pas les mouvements tentés pour venir à nous, nous nous exposions à nous éloigner des secours qui nous seraient envoyés. Enfin, militairement parlant, l'opération était bien chanceuse. En ne portant qu'à cent mille hommes l'effectif de l'armée qui aurait quitté Metz, comment aurait vécu, comment se serait approvisionné cette armée n'ayant plus aucune communication avec l'intérieur? Si l'on veut y réfléchir de sang-froid et sans parti pris, on reconnaîtra donc, je le pense, qu'à cette date la meilleure conduite à tenir était celle qu'avait choisie Bazaine. Je dis à cette date, et, j'insiste sur ce point, car plus tard, il y avait lieu, je le crois, de prendre une autre décision. Voyant que la montagne ne venait pas à lui, Mahomet alla vers la montagne. Bazaine attendit toujours : il attendit alors qu'il n'y avait plus rien à attendre, il attendit jusqu'à ce qu'il fût trop tard.

Pour être impartial, il me semble indispensable de faire remarquer que si le maréchal a mérité les plus sévères reproches, il n'est pas seul à en porter le poids. Acculé comme il l'était, Bazaine ne pouvait tenir indéfiniment, et cependant la France n'y pensa plus. Elle dit : Bazaine résiste toujours ; elle ne se dit pas que la plus longue résistance avait une fin, et qu'une armée aussi nombreuse ne se nourrissait pas seulement de l'eau de la Moselle. Aussi le maréchal Bazaine a-t-il adressé un bien juste reproche à ceux qui défendaient la patrie quand il a fait remarquer[1] qu'au moment où il annonçait confidentiellement aux chefs de corps la détresse de l'armée, à cette même date le *Journal officiel* disait : la position de Bazaine est toujours excellente.

Quoi qu'il en soit, si dans cette triste histoire il y a plusieurs coupables, la faute de l'un n'est pas atténuée par celle des autres, et le maréchal eut à mon avis un tort immense, quand, après avoir annoncé qu'il resterait sous Metz, il se contenta de dire fort légèrement qu'il fallait harceler l'ennemi, et qu'il laissait ce soin aux chefs de corps. Ne pas quitter Metz était, comme j'ai tâché de le montrer plus haut, un parti sage au point de vue défensif. Il était excellent aussi au point de vue offensif. Dans les cas ordinaires, une garnison assiégée ne peut faire de nombreuses sorties, sous peine de trop s'affaiblir. Dans notre position il n'y

---

[1] *Rapport sommaire.*

avait pas ce danger à craindre. Puis la ligne de défense donnée par les forts obligeait l'ennemi à développer ses lignes d'investissement sur une longueur énorme, qui atteignait quarante-huit kilomètres. Enfin, la Moselle partageait en deux ses positions. Placés à l'intérieur de ce cercle immense, nous avions l'incalculable avantage d'une concentration rapide sur n'importe quel point, alors que l'ennemi n'avait jamais sous la main que la moitié de ses forces, et encore devait-il veiller à ne se dégarnir entièrement nulle part, sous peine de nous voir enlever les positions qu'il aurait abandonnées, bouleverser ses batteries, détruire ses approvisionnements.

On le voit, la position était exceptionnellement belle, et je prétends que si les Prussiens eussent été à notre place et nous à la leur, nous n'aurions pu prendre Metz comme ils l'ont fait, par la famine, qu'après avoir subi des pertes énormes... si encore nous l'avions pris.

Mais pour cela, il fallait vouloir. Il fallait que le maréchal Bazaine ne se retirât pas dans sa tente, après avoir négligemment dit aux commandants des corps qu'il s'en remettait à eux du soin de harceler l'ennemi, car ceux-ci, je parle au moins de ceux de la rive droite, que j'ai vus de près, firent comme le commandant en chef, ils tombèrent en léthargie et ne se réveillèrent que quand la maison brûlait. Qu'ils aient leur part de responsabilité, rien de plus juste, mais bien avant eux, au dessus d'eux, que le maréchal Bazaine soit à jamais maudit d'avoir laissé échapper une aussi belle occasion d'illustrer son armée, et, ce qui valait mieux encore, de sauver peut-être la patrie en attirant sur nous seuls tout l'effort de l'ennemi.

Quant à rechercher le motif de son incompréhensible conduite et à décider s'il faut l'attribuer à l'incapacité ou à l'indifférence, ou enfin à quelque chose de pis, c'est ce dont je ne veux pas m'occuper.

Vers cette époque parurent successivement deux ordres : le premier décidait que la solde serait payée aux officiers tous les quinze jours, et non plus tous les mois, le second fixait les traitements des grands chefs. Le maréchal touchait 180,000 fr. par an, les généraux de division, commandants d'armes, 43,000 fr., je n'ai pas retenu les autres chiffres. On assura dans l'armée, qu'au 15 septembre le général Frossard réclama son traitement de gouverneur du prince impérial. Quant au maréchal Bazaine, il paraitrait, d'après des documents rendus publics, que, jusqu'à la fin, il toucha son traitement de sénateur.

Mercredi 14. Les nouvelles les plus désastreuses nous arrivent depuis hier. Il est à peu près hors de doute maintenant que le corps de Mac-Mahon a été anéanti et que l'empereur s'est rendu avec son armée.

Mais aujourd'hui voici encore d'autres douleurs. Le maréchal Lebœuf a communiqué ce matin à notre général des journaux allemands, qui annoncent que Strasbourg est pris, qu'une armée de cent mille hommes se forme sur la Loire, et que l'armée prussienne se trouve tout près de Paris.

Pour moi, je ne veux pas admettre tout cela. Les journaux allemands en ont dit bien d'autres. N'ont-ils pas raconté, il y a une huitaine de jours, une fois que Metz était en feu, une autre fois que Metz avait fait une capitulation honorable? Nous savons par nous mêmes, ici, ce qui peut s'imprimer dans les journaux : les journalistes allemands ne sont pas faits sans doute autrement que les nôtres. D'ailleurs, pour peu qu'on y réfléchisse, il n'est pas admissible qu'une place de l'importance de Strasbourg soit déjà à bout de ressources.

Placée à la frontière, elle a dû, dans la prévision d'une campagne au delà du Rhin, être approvisionnée de vivres et de munitions, elle a dû surtout être armée de longue main. Dès lors comment admettre qu'elle n'ait pu résister à un mois de siége? Non, bien certainement, Strasbourg ne peut être pris, et les autres nouvelles n'ont sans doute pas plus de fondement.

Mais nous remarquons à cette première occasion un fait qui devint bien plus saillant par la suite. C'est le respect avec lequel, au quartier-général, on accueille tout ce qui vient de l'ennemi. Notre général n'a pas l'air de croire que l'on puisse mettre en doute des nouvelles données par les journaux allemands, et l'un de nous lui objectant qu'après tout la chute de Strasbourg n'est pas plus certaine que cela, il lui répond sèchement : Vous êtes libre de ne pas le croire.

Après la décision que le maréchal a communiquée avant-hier, il est assez naturel que la grande préoccupation de l'armée soit de savoir combien de temps elle peut tenir autour de Metz, car une attaque de vive force n'est pas ce qui l'inquiète, mais bien ses moyens de subsistance. On dit généralement que, d'après les renseignements les plus exacts, nous avons des vivres jusqu'au 15 octobre, les chevaux jusqu'au 1er seulement.

Mais un fait incompréhensible, sur lequel notre général a bien des fois manifesté son étonnement, c'est que, dans cette armée dont tout le salut dépendait des ressources alimentaires dont disposait l'intendance, dans cette armée qui déjà voyait la terrible échéance fixée au 15 octobre, on distribuait comme fourrage aux chevaux de la paille *non dépouillée de son grain.* Croira-t-on jamais un fait pareil? Nos chevaux mangeaient du blé! Aussi ne puis-je lire sans indignation le rapport du maréchal Bazaine, où, en ayant soin de ne pas donner de date, il dit que les chevaux ne mangeaient plus que des feuilles et des écorces d'arbres. Allons donc! est-ce à nous, les officiers de l'armée de Metz, qu'on fera croire des balivernes pareilles! Vers la fin, sans doute, quand les fourrages firent absolument défaut, les chevaux rongèrent les arbres auxquels ils étaient attachés, mais, avant ces jours de grande misère, croira-t-on que pendant tout le mois de septembre, et pour les chevaux des états-majors, au delà du 15 octobre, les chevaux mangèrent du blé?... Si un fait aussi connu, attesté d'ailleurs par les bons de fourrage, avait besoin de preuves, je pourrais donner celle-ci.

Notre général, ayant eu soin de faire battre la paille de distribution, possédait un plein sac de blé à la fin du mois d'octobre.

Au reste, ici encore il faut accuser le général en chef. Il renonça à combattre, s'en remettant à ses lieutenants — et quels lieutenants! du soin de harceler l'ennemi. Au moins songea-t-il alors à prendre des mesures promptes pour assurer la vie, c'est à dire le salut de son armée? Nullement.

Une mesure bien simple, si simple que toute l'armée l'indiquait, consistait, puisque l'on ne pouvait nourrir les chevaux que jusqu'au 1er octobre, à ce que l'on disait, à se décider à les mettre immédiatement en coupes réglées, c'est à dire à en abattre un certain nombre, soit pour les livrer à la boucherie, et augmenter la ration de viande en diminuant celle du pain, soit pour en faire des conserves, comme on l'essaya seulement plus tard, soit même, à la rigueur, pour les jeter dans la Moselle, ou dans des fosses. De cette manière, ce qu'on eût conservé de cavalerie, à savoir l'artillerie, les ambulances, et quelques régiments de cavalerie légère, les meilleurs pour le service d'éclaireurs, fût resté en bon état et eût pu rendre des services, s'il l'eût fallu. Au lieu que, en voulant tout conserver, on arriva à faire dépérir d'une façon égale tous nos chevaux, dont un grand nombre dut être enfoui en terre et dont aucun ne fut plus bon à rien à partir du 15 octobre. Le maréchal Bazaine, voulant plus tard démontrer que la trouée, tant demandée par les troupes, n'aboutirait qu'à une effusion de sang inutile, s'appuyait sur ce motif, et il n'avait pas tort, mais s'il l'avait voulu, il en eût été autrement.

Vers cette époque, parut un ordre qui, après avoir insisté sur la nécessité d'économiser les fourrages, rappelait aux officiers qu'ils ne devaient établir les bons que sur le nombre réel des chevaux qu'ils possédaient. Je ne sais ce que les maréchaux firent de cet ordre ; mais ce que je sais c'est que l'on nommait dans le troisième corps un général qui, après en avoir pris connaissance, continua à toucher trois rations de plus que celles auxquelles il avait droit, répondant un jour à un subalterne qu'il faisait ce qui lui plaisait. Il arriva ainsi que tandis que des capitaines achetaient à prix d'or de l'avoine [1] et d'autres fourrages, un

[1] A 1 fr. le kilogramme.

général n'eut pas à toucher à la magnifique allocation du maréchal Bazaine, qui, s'octroyant la modeste somme de 180,000 fr. par an, ne s'était pas montré chiche envers ses inférieurs immédiats ; le général dont je parle put ainsi nourrir ses chevaux sans bourse délier jusqu'à la fin de la campagne, et avoir, en outre, une réserve respectable de fourrages. C'est toujours l'histoire de la toile d'araignée où se prennent les petites mouches, tandis que les grosses la déchirent.

Samedi 17. On a décidément des nouvelles de Paris, et cette fois des nouvelles françaises. Un brigadier des sapeurs-conducteurs est parvenu à traverser les lignes d'investissement ; il a apporté deux numéros du *Volontaire*, du 7 et du 10 septembre.

Le maréchal Bazaine, dans un ordre du jour à l'armée, nous annonce la captivité de l'empereur, la fuite de l'impératrice, et la constitution d'un pouvoir exécutif dont il donne la composition [1]. Il termine en rappelant que nos devoirs

---

[1] En voici le texte.

A l'armée du Rhin !

D'après deux journaux français du 7 et du 10 septembre, rapportés par un prisonnier français qui a pu franchir les

restent les mêmes, en présence du danger de la patrie.

Après tout, cet ordre était bien conçu : il n'y avait pas d'enthousiasme pour le nouveau gouvernement, mais une prudence bien entendue conseillait de se borner à annoncer les faits accomplis.

En somme, pour l'armée, la question politique devait s'effacer devant la question militaire. Avant tout, il fallait sauver la patrie. Mais pourquoi le maréchal s'en tenait-il toujours aux paroles, pour retomber ensuite dans une apathie de plus en plus inexplicable ?

lignes ennemies, S. M. l'empereur Napoléon aurait été interné en Allemagne après la bataille de Sedan, et l'impératrice, ainsi que le prince impérial, ayant quitté Paris le 4 septembre, un pouvoir exécutif, sous le titre de gouvernement de la défense nationale, s'est constitué à Paris. Les membres qui le composent sont : (suivent les noms.)

Généraux, officiers et soldats de l'armée du Rhin !

Nos obligations militaires envers la patrie en danger restent les mêmes. Continuons donc à la servir avec dévouement et la même énergie, en défendant son territoire contre l'étranger, l'ordre social contre les mauvaises passions.

Je suis convaincu que votre moral, ainsi que vous en avez déjà donné tant de preuves, restera à la hauteur de toutes les circonstances, et que vous ajouterez de nouveaux titres à la reconnaissance et à l'admiration de la France.

Ban-St-Martin, 16 septembre.

Dans la journée, l'*Indépendant* nous donne des extraits du *Volontaire*, qui, lui-même, cite un grand nombre de journaux de Paris et de l'étranger. De tout ce que nous lisons, nous concluons avec plus de confiance que jamais que la paix va se faire, et l'on en arrive bientôt à discuter les conditions que peut exiger la Prusse : tout le monde est d'accord qu'elle ne demandera pas de cession de territoire, que l'Europe d'ailleurs n'y consentirait pas, et qu'elle imposera seulement une contribution de guerre de 3 à 4 milliards.

Quant à moi, une chose m'afflige : c'est de voir que dans un moment pareil la vice-présidence du gouvernement est donnée à Favre qui a, en outre, le portefeuille des affaires étrangères. Un avocat dans un pareil poste, un avocat quand la patrie est en danger, quand il faut agir et se hâter...., malheur !

Mercredi 21. L'immobilité dans laquelle est plongée l'armée commence à soulever parmi les officiers des inquiétudes poignantes sur le dénoûment vers lequel nous courons. Dans l'armée, et en même temps dans la population de Metz, commencent à circuler sur le compte du général en chef les bruits les plus inquiétants. On rappelle sa conduite au Mexique, et, partant de là, beaucoup prétendent que Bazaine est bien capable de rêver à des plans politiques et de songer plus à son ambition personnelle qu'au salut de la France et à l'honneur de son armée. Pour moi, je trouve qu'on va trop loin ; et, néanmoins, je ne puis m'expliquer la cause d'une pareille apathie. On n'entend plus parler du général en chef, on ne le voit plus : dans la disposition où se trouve l'armée, il aurait grand intérêt cependant à se montrer, à faire même des allocutions pour répudier les intentions qu'on lui suppose ; mieux que tout cela, il n'aurait qu'à renouveler des attaques comme celles d'il y a trois semaines, mais en les prenant à cœur, en les préparant à l'avance et — Dieu sait s'il en a le loisir — en en dirigeant lui-même l'exécution. Mais, encore une fois, pourquoi, pourquoi cette apathie? veut-il nous enterrer vivants? Croit-il que notre rôle consiste à dormir, à manger et à attendre une armée de secours comme, il y a un mois, nous avons attendu Mac-Mahon?

En présence de notre désolante immobilité plusieurs officiers commencent à parler de faire une trouée, de percer les lignes ennemies. Si hasardée

que soit cette tentative, assurément elle vaudrait
mieux que notre position sous Metz, si nous devons
toujours rester ainsi inoffensifs pour l'ennemi,
car alors nous devenons pour Metz un danger au
lieu d'être un secours, et nous avançons de beaucoup l'heure où la ville aura épuisé ses ressources.
Quelle situation pour l'armée! amener la perte de
ceux que nous devions sauver! On dit du reste
que, dans le cas où les événements du dehors ne
nous tireraient pas d'affaire, on verrait approcher
le moment d'un dénoûment tragique, une protes-
tation, qui est déjà prête, circulerait dans l'armée :
que ceux qui voudraient percer les lignes ennemies
plutôt que de se rendre, se réuniraient, nomme-
raient des chefs pour les commander, et s'en iraient.

Tout cela est fort honorable, sans doute, et cependant est-on sûr que là soit le *devoir ?* On se
plaint de l'indiscipline de l'armée, on prétend que
les soldats n'obéissent plus à leurs chefs, et les
officiers se proposent précisément un acte d'indiscipline et ne voient de salut qu'en abandonnant
leurs généraux? Tout cela me paraît bien grave,
et je me demande si, dans une pareille troupe, les
chefs choisis sauront toujours se faire obéir.

Quant aux bruits qui circulent sur les événements qui se passent en France, ils sont tellement insensés, que je ne veux pas les énumérer ici.

Jeudi 22. Aujourd'hui on se réveille un peu : à midi notre général nous annonce que l'on a décidé de faire dans l'après-midi un fourrage. Après une léthargie de trois semaines, l'ennemi va entendre de nouveau siffler nos balles.

A une heure en effet, nous sommes au fort des Bordes, où le maréchal Lebœuf nous a donné rendez-vous. Devant nous, les troupes achèvent de se porter sur Lauvallière, et à leur suite des voitures du train. L'action s'engage aussitôt, mais comme Lauvallière est placé dans un creux et dérobé à notre vue, nous voyons seulement le résultat de l'opération. Un bon nombre de voitures reviennent chargées d'un peu de foin, de beaucoup de paille ; des fantassins rentrent eux-mêmes chargés d'une botte de paille : l'ennemi se défendit peu, paraît-il ; vers la fin seulement, l'artillerie fit tomber sur l'auberge de Bellecroix, où se concentraient les voitures chargées de fourrage, un bon nombre d'obus, mais sans nous faire de mal.

Vers quatre heures, le maréchal revient aux Bordes pour voir où en est le travail. Ce petit fort, situé entre le Saint-Julien et Queuleu, pour commander la route de Sarrelouis, était si peu avancé au début de la campagne, qu'on l'avait abandonné. Depuis la construction des lignes de l'armée, on avait décidé de le reprendre, mais comme la main d'œuvre civile, à laquelle était réduit le génie de la place, n'avançait le travail que très lentement, on confia le fort au capitaine commandant la section de chemin de fer qui marchait avec notre réserve. Cet officier dont, depuis le début de la campagne, on avait pu apprécier le caractère énergique, prompt à la décision, plus prompt encore à l'exécution, avait en quelques jours, grâce à la main d'œuvre militaire, complètement transformé ce petit fort, qui, en moins d'un mois, sortit pour ainsi dire de terre et put devenir un obstacle sérieux en un point excessivement faible de nos lignes. Aussi le maréchal, en examinant les travaux, donna-t-il de nouveaux éloges à celui qui en avait été chargé.

C'est ici le moment de parler des travaux de défense que l'armée avait exécutés depuis le 20 août pour protéger ses positions. Sur la rive droite de la Moselle, le deuxième et le troisième corps avaient relié les forts de Queuleu et de Saint-Julien entre eux et, en outre, chacun d'eux à la haute et basse Moselle par une ligne de tranchées soutenue de distance en distance par de petits ouvrages d'une solidité plus grande et pouvant recevoir des canons. Ainsi le troisième corps avait couvert son front par des lignes qui, partant en amont de l'inondation de la Seille, allaient rejoindre le fort de Queuleu, de là, faisant retour sur le plateau de Lorméché, commandaient la route de Strasbourg, puis gagnaient Borny, au delà duquel elles se rattachaient au petit fort des Bordes. Au delà, elles descendaient dans le petit vallon de Vallières, pour venir rejoindre, en avant du fort de Saint-Julien, de solides ouvrages avancés.

De l'autre côté de la Moselle, les autres corps avaient établi des lignes semblables.

Vendredi 23. Aujourd'hui nouvelle opération semblable à celle d'hier, qui, paraît-il, a mis en goût le maréchal. Une partie seulement du corps (la troisième et la quatrième division) y prit part. Elle réussit du reste beaucoup moins bien que la veille. Dans les villages de Chieulles et de Vany, où l'on devait enlever des fourrages, on trouva une résistance bien plus énergique de la part de l'ennemi. Nous y perdîmes quelque monde, et n'en rapportâmes presque rien.

Dimanche 25. Le journal publie aujourd'hui des renseignements donnés par le *Figaro* du 18, et l'*Indépendance belge* du 20, dont un numéro a été rapporté par un prisonnier échangé. Ni bonnes, ni mauvaises, les nouvelles, plutôt bonnes cependant. Toute la question est maintenant de savoir si Paris sera affamé. Si Paris en effet ouvre ses portes, tout est perdu ; si au contraire il résiste, l'ennemi est exposé à être très inquiété sur ses communications en arrière : un journal allemand annonce qu'entre Nancy et Bar-le-Duc, des bandes de paysans armés harcèlent les convois, se retirant, quand ils sont poursuivis, dans des « repaires inaccessibles. » Si tout le pays se soulevait ainsi, les Prussiens pourraient tomber dans de très grands embarras. Le malheur est que la résistance commence si tard.

D'autre part, Laon a capitulé ; mais notre garde, qui en vient, nous dit qu'on pouvait s'y attendre d'avance et que les habitants se seraient bien gardés de résister. Nous apprenons en même temps qu'une main inconnue a fait sauter la citadelle et a tué ou blessé un grand nombre des nôtres, déjà prisonniers.

Quant à nous, en lisant ces nouvelles, nous

espérons plus que jamais que Bazaine va prendre un parti énergique. Il voit d'une part que les commandants de corps ne sont pas gens à prendre l'initiative pour attaquer l'ennemi. Nos fourrages de jeudi et de vendredi ne sont pas des opérations ; ce sont de petits engagements insignifiants, qui nous procurent quelques bottes de paille ; nous pensons qu'ils ont surtout pour but d'empêcher les troupes de s'habituer à une oisiveté qui, sans doute, n'est que temporaire. Mais ce n'est pas ainsi qu'on peut espérer échapper à la terrible échéance du mois prochain. D'autre part, il doit être évident pour le maréchal que nous ne pouvons compter sur une armée de secours. D'abord, si la résistance s'organise en France, c'est bien lentement : puis, s'il se forme une armée, avant d'arriver à nous, elle aura elle-même fort à faire. La conclusion, c'est que nous devons compter avant tout sur nous-mêmes, et que nous devons prendre un parti énergique. Aussi les partisans de la trouée deviennent-ils plus nombreux, et dans ce genre d'idées, les plans sont variés : ceux qui veulent la sortie en masse disent que l'on doit laisser un corps à Metz, avec les ambulances, avec l'artillerie de 4, avec les régiments de cavalerie démontés. Les chevaux que l'on emmènera seront d'avance remis à une ration plus forte. Les hommes recevront quatre jours de vivres ; quant aux bagages, réduits au strict nécessaire. Pas de cantines pour les officiers : aussi bien ils s'exposeraient à les perdre. On se préparerait pendant la nuit, pour attaquer au point du jour : bien entendu, l'attaque serait faite en d'autres points en même temps par les troupes qui devraient rester à Metz, afin de donner le change à l'ennemi. Les premières positions seraient emportées, on a bien le droit de l'affirmer quand on a vu nos troupes à Servigny et à Noisseville ; dès lors, il n'y aurait plus guère qu'à marcher rapidement. Les troupes ennemies se mettront-elles à notre poursuite ? D'abord, étourdies elles-mêmes par l'attaque que j'admets heureuse, elles ne verront pas tout de suite de quoi il s'agit. D'ailleurs, avant qu'elles ne soient en forces suffisantes, avant qu'elles aient eu le temps de se concentrer, nous pouvons être déjà loin : nous sommes prêts pour une marche rapide de quelques jours, eux n'ont pas de vivres et peut-être de munitions dans cette prévision. Enfin l'armée d'investissement de Metz va-t-elle abandonner ses lignes pour poursuivre notre mouvement? Alors elle perd le fruit de six semaines de blocus, et Metz peut se ravitailler de nouveau et évacuer ses malades et ses bouches inutiles. Si, au contraire, l'ennemi reste autour de Metz, alors notre retraite s'exécute sans danger.

Maintenant où aller, dira-t-on? Ici les opinions varient. Les uns indiquent l'Est, pour couper les communications ennemies, attaquer l'armée de siége de Strasbourg, et de là se porter dans les Vosges ou le Jura, suivant les circonstances. D'autres dirigent leurs yeux vers le Nord, et veulent que l'on marche vers Briey et le long de la frontière, avec la ressource de se jeter en pays neutre, s'il est impossible de résister. D'autres encore proposent ce plan que je trouve le meilleur, de filer le long de la rive droite de la Moselle, en ayant soin de détruire les ponts d'Ars, de Noviant, et les autres, de passer la Moselle vers Frouard, de se diriger, après avoir coupé le chemin de fer, sur Commercy et Chaumont, et là, suivant les circonstances, essayer de gagner la Loire par Sens et Montargis, ou, si nous rencontrons des forces ennemies, gagner la Bourgogne par Langres, où nous trouvons un abri sûr, et de là Dijon.

On le voit, les imaginations travaillaient, mais ce n'est pas tout. Après les partisans de la percée en masse venaient ceux de la percée par petits corps ; ceux-là appuyaient leur opinion sur le principe suivant, qui n'est assurément pas faux. Devant les forces ennemies, nous sommes ou trop ou trop peu. Notre faute constante a été d'offrir toujours à l'ennemi des corps inférieurs en nombre, et cependant assez forts pour qu'il eût intérêt à les attaquer. Ils concluent, en demandant que, de tous les points à la fois, on s'élance sur le cercle d'investissement, pour s'éparpiller, aussitôt qu'on l'aura traversé, par petits groupes, par régiments par exemple. L'artillerie ou resterait tout entière à Metz, ou se diviserait elle-même par batteries, pour accompagner les groupes. L'ennemi, se trouvant attaqué en un grand nombre de points à la fois, ne pourra concentrer ses forces nulle part. Si l'on ne réussit pas à traverser les lignes partout où on les aura attaquées, on peut cependant admettre qu'on y réussira en plusieurs points. On marchera rapidement, avant que l'ennemi puisse reconnaître qu'il s'agit pour nous de percer ; quand il s'en apercevra, aura-t-il intérêt à poursuivre de petits corps de 2,000 hommes?

Il aura en tout cas fort à faire : il est du reste fort probable que voyant que tout n'est pas sorti, il s'efforcera surtout d'empêcher ceux qui resteront de s'échapper à leur tour. Puis, quand il saura la vérité, il faudra toujours qu'il choisisse entre le blocus de Metz et la poursuite des fuyards.

Quant à ceux-ci, aussitôt dehors, ils commenceront une guerre de partisans, se réfugiant dans les bois, marchant la nuit, attaquant de jour les convois, et évitant les engagements avec des forces sérieuses. Leur petit nombre leur permettra de vivre sur le pays où ils se trouveront. Les soldats n'ayant plus pour les commander de maréchaux ni de généraux en qui ils n'ont plus confiance, mais leurs colonels et leurs commandants, seront en outre excités par l'initiative très grande qu'ils devront montrer. Chaque groupe tiendra à honneur de se tirer d'affaire.

Enfin, tout en faisant cette guerre de partisans, on pourra se diriger sur les parties de la France qui ne sont pas envahies, et rendre ainsi à la défense des régiments aguerris et des cadres presque complets. La plus grande difficulté, c'était la question des munitions. Au départ chaque homme aurait reçu 108 cartouches, et plus, à son choix ; il était averti qu'il ne pouvait compter que sur ce qu'il recevait alors. Beaucoup auraient certainement sacrifié une partie de l'équipement pour augmenter leur charge de munitions. D'ailleurs, à part le premier moment, on pouvait espérer n'avoir plus de combat régulier à livrer ; avec les munitions abandonnées par les blessés, on pouvait se suffire.

Telle était à ce moment la grande préoccupation de l'armée : chacun n'avait plus qu'un désir : sortir de ce cercle de fer et de feu ; dût-on se perdre au delà, on succombait du moins en combattant, et si l'on devait être tué ou pris, cela valait toujours mieux que de se rendre sans avoir lutté.

Pendant ce temps, le maréchal Bazaine jouait au billard.

Mardi 27. La grande nouvelle qui circule actuellement dans l'armée, c'est que le général Bourbaki est parti samedi dernier, pour aller où ? c'est là le mystère, mais sans doute pour porter en France des instructions secrètes du maréchal Bazaine. Quand il sera de retour, nous ne doutons pas de voir finir notre désolante et stupide immobilité, car de deux choses l'une, ou la paix est conclue ou en voie de conclusion aujourd'hui, ou la guerre va se continuer plus acharnée que jamais, auquel cas nous n'avons plus à hésiter. Avant que nous ne soyons complétement épuisés par le manque de munitions et par la perte de nos chevaux, il faut sortir d'ici. Au reste, beaucoup d'officiers espèrent que Bourbaki rapportera des instructions nouvelles, dont les premières seraient d'ôter au maréchal Lebœuf et au général Frossard le commandement de leurs corps.

Aujourd'hui, nouvelle expédition, un peu plus sérieuse, cette fois : aussi le mérite n'en revient-il pas au maréchal Lebœuf, elle a été ordonnée par le maréchal Bazaine, d'après un projet rédigé par le colonel du génie Merlin, commandant du fort de Queuleu, qui l'avait d'abord présenté au général Coffinières, et, sur l'avis de ce dernier, envoyé ensuite directement au général en chef. Cette initiative prise par un colonel qu'il considérait comme sous ses ordres, à tort du reste, la garnison des forts étant distincte des corps d'armée, ne fut pas un mince sujet de colère pour le maréchal Lebœuf, qui, se trouvant quelques jours après au fort de Queuleu, dit aigrement au colonel Merlin que maintenant les colonels du génie faisaient le métier des maréchaux de France.

Ainsi cet homme, incapable de prendre une décision quelconque,. avait encore le sot orgueil de ne pas vouloir accepter les bonnes idées trouvées par d'autres.

Cette petite expédition fut du reste très bien conduite. Deux corps, ceux de la rive droite, devaient opérer de concert. Pendant que le troisième, placé à la gauche, devait se porter sur Colombey et le château de Mercy-le-Haut, la brigade Lapasset devait attaquer le village de Peltre, première station du chemin de fer de Forbach; un bataillon de chasseurs, embarqué à la gare de Metz, devait filer par le chemin de fer, enlever le village et rapporter tout ce qu'on y trouverait d'approvisionnements.

A une heure, les positions étant prises par nos troupes, le canon de Queuleu donne le signal en envoyant ses obus sur le château de Mercy. Placés au petit fort des Bordes, nous voyons s'engager l'action. L'attaque s'exécute avec un ensemble parfait. Devant nous, nos tirailleurs engagent la fusillade contre le petit bois de Colombey et y entrent au pas de course. Les voitures du train qui filent au trot sur la route et bientôt après reviennent chargées de fourrage, nous indiquent que la position a été enlevée par les nôtres. Peu après la fumée s'élève au dessus du château. Plus loin la ferme de la Grange-aux-Bois est également en feu : plus à droite enfin, le château de Mercy, attaqué vigoureusement par nos troupes, est pris, malgré une résistance opiniâtre, et à son tour devient la proie des flammes.

Au delà de ce que nous pouvons voir, la brigade Lapasset exécute avec un plein succès son attaque sur Peltre. Un peu avant le village, le train est forcé de s'arrêter par une coupure de la voie; nos chasseurs descendent en hâte et attaquent vivement l'ennemi, qui eût été pris absolument à l'improviste si un marchand d'eau-de-vie n'eût jeté l'éveil, en s'écriant : «Voici les Français!» Après une résistance qui fut très vive, nos chasseurs, aidés du reste de la brigade qui s'était portée en avant de la ferme de la Haute-Bévoye, forcèrent l'ennemi à abandonner le village, d'où ils embarquèrent aussitôt des approvisionnements de toute sorte, des fourrages, du bétail et jusqu'à un troupeau d'oies, prétendit la rumeur publique.

Le soir, quand nous eûmes abandonné le village, les Prussiens y revinrent, et dans un but de vengeance stérile, y mirent le feu.

Après le dîner, en nous promenant près de la Moselle, nous voyons dans la plaine la flamme d'un autre incendie. C'est la ferme de Ladonchamps qui brûle, incendiée par l'ennemi qui en a été délogé par nos troupes dans la journée. Il paraît que de ce côté on a fait un coup de main assez heureux, et que l'on a rapporté des Maxes une assez grande quantité de fourrages.

De cette journée on peut juger encore quel parti on pourrait, si on le voulait, tirer de l'armée de Metz. Aussitôt qu'il s'agit de se porter en avant et d'attaquer, elle oublie tous les soucis accumulés depuis un mois, et saisissant avec enthousiasme l'occasion *d'agir*, de marcher, de se battre, elle attaque avec un entrain admirable.

Vendredi 30. Les journaux sont très intéressants depuis quelques jours ; dans les sorties que nous venons de faire, on a ramassé sur les blessés et les prisonniers des feuilles allemandes d'après lesquelles les affaires n'allaient pas si bien pour les

Allemands qu'ils semblaient l'espérer ; dans une
dépêche à la reine, le roi, annonçant des combats sanglants sous Paris les 17, 18 et 19 septembre, ajoute que les Parisiens paraissent dé-
cidés à une lutte opiniâtre et que la guerre n'est
malheureusement pas terminée [1].

Il parle aussi, à la date du 20, d'un engagement près de Sceaux, où son 7ᵉ régiment aurait
encore beaucoup souffert [2].

La bataille de Montrouge [3] serait, d'après un
autre journal, restée indécise.

Bonnes nouvelles de Toul, par la voie allemande ; on annonçait la marche de 5,000 gardes
nationaux venant de Langres pour attaquer

[1] Extrait du *Wanderer*, du 24.

[2] Extrait du *Volks Zeitung* de Berlin, du 22.

[3] Bataille dont il a été beaucoup question à Metz, et qui
nous a donné grand espoir.

On voit par les extraits ci-dessus quelles nouvelles nous
recevions : toutes celles que je cite, et qu'on trouvera dans
l'*Indépendant* de la Moselle vers la date du 30 septembre,
sont fausses de tout point. Qui trompait-on donc ? Je me suis
demandé par la suite si l'on n'avait pas inventé les journaux
allemands pour les besoins de la cause. Cependant, ce serait
bien fort, et je ne le crois pas, car ce n'étaient pas les bonnes
nouvelles qu'on cherchait à répandre dans l'armée, comme
on le verra plus tard.

l'armée de siége. Autour de Metz les troupes allemandes se plaignent de coucher en plein air et demandent à Cologne des réchauffants, du rhum, de l'eau-de-vie, des bas de laine.

Enfin, les nouvelles de Strasbourg nous apprennent que la ville résiste énergiquement.

De tout cela résulte à nos yeux que peut-être notre tour est venu. Après des succès inouïs et rapides, l'ennemi est arrivé à une période plus laborieuse. De tous côtés la résistance s'organise : espérons donc que la France s'est réveillée de son long sommeil. Pour nous, nous attendons avec impatience le retour du général Bourbaki. Parti samedi dernier, il devait, à ce que l'on disait, rentrer hier, cependant il n'est pas revenu. Ce qui se dit à son sujet est inconcevable : on prétend qu'il doit nous ramener le prince impérial et que Bazaine se nommerait régent[1].

Un côté bien étrange de cette question, c'est l'affectation que met Bazaine à faire l'étonné quand on lui parle de Bourbaki.

[1] Ceci n'est pas un enjolivement inventé après coup. Je le copie textuellement dans mes notes, et ces deux lignes ont été écrites, j'en donne ma parole, le 30 septembre. Au reste, d'autres que moi que je pourrais citer peuvent produire des notes semblables.

Elle s'étend même à son entourage, car son neveu, le lieutenant d'artillerie, à qui je demandais aujourd'hui à Metz si Bourbaki était de retour, m'a répondu qu'il ne savait même pas qu'il fût parti. Oh alors, je m'incline : cette famille aime le mystère. Moi, naïf, je trouvais qu'un général commandant la garde ne pouvait s'escamoter ainsi et qu'il n'y avait pas de mystère à faire sur un fait aussi clair. Mais je vois bien que je me suis trompé.

Avant-hier, dans la soirée, les Prussiens sont venus incendier les Maxes et Ste-Agathe, que nous avions attaqués la veille. On dit qu'ils ont annoncé que tout village que nous attaquerions serait brûlé. Cela serait-il vrai ? Je l'ignore. Toujours est-il que tout brûle autour de nous, et que l'incendie de Peltre est, quoi qu'on en puisse dire, une pure vengeance et partant une infamie. L'on dit que si nous avions été vainqueurs, nous en aurions fait autant. Cela est lestement dit, mais aussi lestement je répondrai que je ne le crois pas. Pauvres paysans ! voilà leurs maisons, leurs granges pillées et détruites, pendant que M. Ollivier va promener je ne sais où son cœur léger et que le vaincu de Sedan se fait une petite cour à Wilhelmshohe.

VI

FIN DU BLOCUS. — LA CAPITULATION

Jeudi 3 octobre. Immobilité complète depuis les
petites expéditions de la semaine dernière, pour
nous du moins. Au contraire près de nous, dans
la plaine, de l'autre côté de la Moselle, il ne se
passe pas de jour qu'on n'entende la fusillade.
Le château de Ladonchamps, que nous avions enlevé, puis abandonné, vient d'être repris hier aux
Prussiens.

Plus loin, d'autres engagements ont eu lieu :
on a attaqué et enlevé, paraît-il, le village de
Lessy et le châlet Billaudel ; dans le village on
s'est fortifié. Néanmoins, tout cela est toujours
de bien peu d'importance, aussi toute l'armée dut-
elle plus tard être fort étonnée de voir la longue
et complaisante énumération des *principales opérations* de l'armée de Metz, détaillées par le ma-

réchal Bazaine dans le rapport sommaire[1]. Principales est de trop, puisqu'il n'y en eut pas d'autres ; quant au mot pompeux d'*opérations* il ne peut s'appliquer qu'à l'attaque de Ladonchamps, le 7 octobre. Le maréchal dit, il est vrai, que les partisans ne cessèrent de harceler l'ennemi et de lui faire des prisonniers ; je le veux bien, mais des chiffres seraient bien placés ici, au lieu de paroles aussi vagues, et je voudrais bien savoir combien ces « attaques incessantes sur les avant-postes[2] » nous valurent de prisonniers. Le chiffre assurément ferait sourire et l'on admettrait difficilement que le maréchal ait sérieusement cru « forcer l'ennemi à maintenir un « gros effectif devant Metz, espérant retarder « l'investissement de la capitale, et gagner du « temps pour l'organisation de la défense natio- « nale[3] ». Ceci est simplement d'une odieuse mauvaise foi.

[1] Pendant le mois de septembre et les premiers jours d octobre, les opérations militaires principales furent celles de Lauvallier, Vany, Chieulles, Meny et Peltres, Lessy, Ladonchamps, Bellevue et St-Remy.

Rapport sommaire.

[2] *Rapport sommaire.*
[3] *Idem.*

Depuis quinze jours, le service des dépêches par ballon est organisé. Le premier est parti le samedi 17 septembre. Depuis, bien d'autres ont suivi, car, à moins que le temps ne soit trop mauvais, on en fait partir un tous les jours. Le service est du reste bien mieux organisé que celui de la poste. Tous les jours le vaguemestre vient nous prendre nos *aérogrammes*, comme nous les avons appelés, et les porte à Metz, aux employés chargés spécialement de ce service. Quant aux jeunes messieurs à vestons verts qui représentent la poste militaire du corps, ils continuent à se croiser les bras. Leur service, il est vrai, est excessivement réduit, mais le peu qui leur en reste même ne va pas : le colonel d'état-major G*** nous racontait récemment qu'une lettre envoyée par lui à un officier campé au Ban-St-Martin avait mis *huit jours* à lui arriver [1].

---

[1] Pour en finir sur cette question, je vais donner un exemple personnel, non seulement du retard, mais du désordre de cette administration.

La dernière lettre que j'eus de la France était du 15 août, je la reçus le 20 ; depuis, j'eus le 22 une lettre du 13 ; mais le plus fort, c'est que je reçus le 20 une lettre du 5 et le 21 une lettre du 6 ; enfin le 29, une lettre du 6. Ces lettres, que je puis fournir, avaient la suscription parfaitement exacte, en

Mercredi 5. Hier, l'ordre a été donné de réduire autant que possible les bagages. La raison que l'on met en avant est que les chevaux, étant déjà très affaiblis, ne pourraient plus traîner les voitures aussi chargées qu'autrefois. C'est la troisième fois que nous nous livrons à ce petit travail d'allégement qui, par suite, a perdu beaucoup de son charme, et cependant telle est l'impatience de l'armée que c'est le cœur plein de joie que nous chargeons sur la voiture ce que nous trouvons encore à laisser : j'emporte tout cela à Metz, pour le confier à des particuliers. Quand je reviens, je trouve le camp tout en l'air ; j'apprends chez nous que, pendant mon absence, l'ordre est venu de se tenir prêt à partir. Grand branlebas, à cette nouvelle : tout le monde se laisse aller à la joie, à l'espérance : ceux qui accusaient le commandant en chef, oublient leurs plaintes, ceux qui le défendaient en prêchant la patience, en soutenant qu'il avait ses plans, croient voir triompher leur sentiment. Enfin, la confiance est générale : un officier payeur nous remet une lettre pour sa famille, persuadé que nous allons partir et qu'il

gros caractères, sautant aux yeux. Elles sont cependant restées dans les bureaux de la poste de Metz à partir du 18.

va rester : étrange illusion ! trois semaines plus tard, c'était nous qui lui remettions des lettres pour les nôtres.

Avant de faire ma cantine, je vais faire provision de quelques biscuits : on m'en donne, qui sont durs comme de la pierre, par exemple : puis vers neuf heures, nous nous donnons le signal du coucher, dans l'attente, dans l'espoir d'une nuit courte. Mais l'émotion, la joie d'un mouvement si longtemps attendu me tiennent éveillé pendant deux heures et demie encore. La nuit est du reste magnifique : la lune, à son premier quartier, éclaire admirablement les premières heures de nuit. L'air est frais, mais non pas froid : un temps excellent pour l'opération qu'on se propose, d'autant plus que le brouillard qui tombe tous les matins vers quatre heures, dérobera nos mouvements aux regards de l'ennemi. Mystère absolu du reste sur le but et sur la direction du mouvement : l'ordre dit seulement que toute voiture trop chargée, que son attelage ne pourra pas traîner, sera jetée dans le fossé ; quant au reste, le champ est ouvert aux conjectures, dont on ne se fait pas faute. D'après les uns on doit marcher sur Thionville, où l'on compte trouver des approvisionnements considérables ; suivant les autres, on doit partir dans la direction de Nancy.

Jeudi 6. Nous nous réveillons à cinq heures, bien étonnés de nous trouver dans nos lits. En prêtant l'oreille, nous entendons la musique militaire et C*** nous dit que ce sont les troupes qui s'en vont. Je lui fais observer qu'il est cependant peu probable qu'un mouvement qui doit avant tout surprendre l'ennemi, s'exécute musique en tête. Non, ce que nous entendons c'est tout simplement hélas, le réveil et la diane, joués, comme tous les jours, par la musique militaire.

La matinée est ennuyeuse. On attend, on espère encore et cependant rien ne vient. A huit heures et demie, je porte un ordre au génie de la quatrième division, campé auprès du fort de St-Julien. Là j'apprends de singuliers bruits qui circulent. Des paysans, venus de Courcelles, n'auraient rencontré aucune trace de l'ennemi sur leur passage. Au reste, depuis quelque temps, une opinion qui s'accrédite de plus en plus dans l'armée, c'est que les troupes d'investissement ont presque toutes quitté Metz, et que nous n'avons plus devant nous que des forces très réduites.

On pourra s'étonner que les gens sérieux eux-

mêmes aient ajouté quelque croyance à des bruits
si invraisemblables, puisque, si les forces ennemies étaient aussi réduites qu'on le prétendait,
elles s'exposaient bien imprudemment à être détruites si l'armée de Metz eût voulu les reconnaître ; d'ailleurs, il eût été bien facile de s'en
assurer par des reconnaissances. Mais d'une part
ces reconnaissances n'avaient pas eu lieu, et, d'autre
part notre service d'éclaireurs avait toujours été
si mal fait depuis le début de la campagne, qu'on
ne s'en serait pas rapporté à ce qu'on eût pu apprendre de cette façon. Des démentis officiels
avaient, il est vrai, été donnés, même dans les
journaux, à ces suppositions que rien ne justi-
fiait ; mais l'opinion publique, dans la ville
comme dans l'armée, n'attachait déjà plus qu'une
confiance médiocre à ces documents officiels.
Enfin, cette opinion chimérique s'appuyait sur
les non moins chimériques victoires de Montrouge et d'Étampes. A quelques jours d'intervalle,
il s'était répandu, je ne sais comment, le bruit que
nos armées avaient remporté une victoire d'abord
à Montrouge, puis à Étampes. Mais ce qui passe
toute croyance, c'est que les journaux de Metz
publiaient des nouvelles données par des journaux

allemands sur ces batailles, et jusqu'à des dépêches officielles[1].

Ceci, par exemple, je ne l'ai jamais compris.
D'un côté, ces dépêches n'ont jamais pu exister,

[1] Ainsi l'*Indépendant* du 30 septembre donnait cet entre-
filet. Quartier royal, château de Ferrières le 21 septembre.

La bataille de Montrouge est restée indécise.

Dans le numéro du 1er octobre, on lisait :

Un journal allemand annonce qu'à Montrouge, un combat
qui s'annonçait bien pour les Prussiens jusqu'à trois heures
a eu, par suite de l'arrivée de Vinoy, un résultat *indécis*.

Quant à l'affaire d'Étampes, c'est encore mieux ; on lit en
effet dans l'*Indépendant* du 5 octobre.

Les conjectures favorables abondent sur la bataille d'É-
tampes ; nous devons les signaler ; aux bruits qui circulent
en ville il faut ajouter celui-ci : il paraît, qu'aux chants de
triomphe et aux hurrahs qui s'entendaient dans les camps
prussiens a succédé une morne tristesse. On ne voit plus de
ces manifestations bruyantes qui ont signalé les premiers
jours de septembre.

P. S. Les rapports qui sont arrivés au maréchal Bazaine
sur l'affaire d'Étampes sont tellements satisfaisants, nous
dit-on, qu'on a presque la certitude que cette journée a été
une véritable grande victoire, et que les Prussiens ont été
fortement refoulés.

On ajoute que le général d'Aurelle de Paladines ayant pu
organiser un petit corps, serait arrivé par Orléans, aurait
pris les Prussiens en flanc, du côté de Vitry le Français, et
aurait contribué puissamment au mouvement de retraite du
corps prussien.

d'un autre, les journalistes de Metz disaient les copier dans des journaux allemands pris sur des prisonniers. Enfin, encore une fois, je renonce à deviner l'énigme.

Un peu après, j'apprends, toujours dans le campement du génie de la quatrième division, où me retient le commandant, une autre nouvelle qui ne manque pas non plus d'imprévu : on assure que deux corps de notre armée sont partis cette nuit par la vallée de la Moselle, mais dans quel sens? en remontant ou en descendant? c'est ce qu'on ne dit pas.

Un peu après, en revenant au logis que nous occupons, j'apprends bien entendu que personne n'a bougé pendant la nuit.

Seulement j'entends dire que le mouvement projeté avait pour but d'enlever des approvisionnements considérables établis par l'ennemi à Courcelles, mais que des paysans qui en venaient avaient annoncé que l'ennemi, averti du mouvement que nous voulions tenter avait fait filer en arrière ces approvisionnements, et, ne pouvant tout emmener, avait brûlé des meules.

Je ne sais ce qu'il y avait de vrai dans cette dernière version, car nous en étions arrivés, avec

assez de raison, à ne plus croire à grand chose.
Néanmoins, à ce sujet un fait bien remarquable
de la période du blocus, c'est que presque toujours l'ennemi avait immédiatement connaissance
de nos projets. Qu'il eût des espions dans la place.
rien de plus juste, mais comment ces espions par-
venaient-ils à communiquer avec l'ennemi, c'est
ce qui est moins compréhensible. On a prétendu
depuis que la correspondance se faisait par ballons et par bouteilles ; le premier moyen, je n'y
crois guère. Lancer des ballons de jour n'était pas
possible : les envoyer de nuit, c'était les dérober
aux yeux des Français, mais aussi à ceux des
Allemands : d'ailleurs dans le nombre, quelques-
uns seraient bien tombés en notre pouvoir, ce qui
n'arriva jamais, que je sache. Les bouteilles
étaient un moyen plus praticable, mais il faut
avouer que si c'est ainsi que l'ennemi correspon-
dait avec la place, il est bien extraordinaire
que l'on n'ait pas eu l'idée de barrer la Moselle
avec des filets que l'on aurait levés fréquem-
ment.

Pendant la journée j'apprends une histoire,
curieuse au sujet des préoccupations de la défense. Comme je l'ai dit plus haut, les abords de

la place et du fort Bellecroix ont été rasés depuis longtemps. Près de nous, la belle fabrique de cuirs de M. Sendré a été complétement dévastée : des bâtiments, il ne reste plus que la carcasse en charpente, et, dans le jardin quelques statuettes qui ont l'air bien dépaysé. La maison que nous occupons, est la première de St-Julien qui soit restée debout : le mur du jardin est démoli, mais la limite de la zone de servitude ne prenait que deux mètres d'un coin de l'habitation, de telle sorte qu'on l'a d'abord laissée à l'abri de la pioche ; depuis, il paraît que ces deux mètres de tolérance avaient inquiété le gouverneur de Metz, car la propriétaire avait été avertie que la loi allait être mise à exécution : celle-ci s'était alors adressée à notre général et lui avait dit que mettre ainsi à jour le coin de la maison, c'était la perdre complétement : le général s'était chargé de faire valoir ces plaintes, et de les appuyer en faisant remarquer que ce coin de maçonnerie laissé debout ne causerait pas la prise de la ville ; quelle fut donc notre surprise à tous quand nous apprîmes que loin d'accepter des observations que nous savions si parfaitement justes, on les avait très mal reçues, qu'on avait déclaré notre général très blâmable d'avoir voulu défendre une propriété parce qu'il l'habitait, et qu'enfin la loi serait exécutée. Je ne sais quel était l'auteur de cette réponse insensée. J'ai peine à croire que ce fût le gouverneur lui-même ; quel qu'il soit, qu'il porte tout le ridicule de cette aventure.

Il est juste du reste de dire que tous ces grands mots n'aboutirent à rien de sérieux et qu'on ne s'acharna plus après notre malheureuse propriétaire.

Samedi 8. Grande canonnade hier de midi à six heures dans la vallée de la Moselle, au nord de Metz. Le journal de ce matin annonce des résultats merveilleux : on a refoulé les Prussiens fort loin sur la ligne de Thionville, fait de quatre à cinq cents prisonniers, et enfin pris une batterie prussienne avec tous ses canons. Encore une étape, dit l'*Indépendant*, et nous serons à Thionville... Je le veux bien, pourtant ce n'est pas ce que j'avais pu voir hier. Des glacis de Bellecroix, où est notre parc, j'avais vu la canonnade s'ouvrir vers midi, fort loin de nous, vers les collines de l'autre côté de la Moselle. A trois heures, voyant que nous ne recevions aucun ordre personnel, je m'étais porté à cheval en haut de

St-Julien, près du fort. J'étais resté là jusqu'à cinq heures. Un soleil magnifique éclairait la scène qui se passait dans la vallée. De la hauteur, d'où l'on dominait parfaitement la plaine, j'avais compté cinq batteries ennemies. Dans la prairie, entre Ladonchamps et la Moselle, on voyait nos lignes de tirailleurs entre lesquels tombait une pluie d'obus. Abritée derrière le village de Thury, incendié il y a dix jours, se trouvait une division de cavalerie. En avant du village, à deux cents mètres environ, une batterie d'artillerie répondait à l'ennemi. Enfin, en arrière du village, une longue file de fourgons du train se dirigeait vers le village des Maxes; mais bientôt elle fit demi-tour, et s'en revint absolument à vide du côté de Metz. Quant aux batteries ennemies, tant que je restai là, c'est à dire jusqu'à cinq heures et quart, aucune ne cessa son feu.

Le troisième corps avait, paraît-il, reçu l'ordre d'appuyer sur la droite le mouvement du quatrième et d'empêcher la concentration des forces ennemies sur le plateau qui dominait la vallée de la Moselle; mais plus tard on fit de grands reproches au maréchal Lebœuf de n'avoir rien tenté d'utile. Le fait est que le troisième corps engagea une action assez vive dans la direction de Noisseville et de Ste-Barbe, mais l'espace situé entre Ste-Barbe et Malroy ne fut le théâtre d'aucune action : de telle sorte que ce corps, chargé d'appuyer la droite du quatrième, en était séparé par une grande étendue de terrain complétement vide. Il eût cependant été bien utile d'attaquer les positions de l'ennemi tout le long de la Moselle de Malroy à Argancy. A Olgy notamment était établie une batterie qui, par sa position dominante, découvrait parfaitement la vallée de la Moselle, et dont nous eussions pu éteindre le feu ; mais le maréchal Lebœuf, placé à la ferme de Châtillon s'était contenté de demander pourquoi nos batteries établies dans la lunette de Châtillon ne tiraient pas sur celle là. On lui avait répondu que cela tenait à la trop grande distance et cette raison simple, qui aurait sauté aux yeux de tout officier d'artillerie, mais pas, à ce qu'il paraît, à ceux du maréchal, le satisfit, paraît-il, complétement car il n'insista pas.

Quant au fort de St-Julien, il ne pouvait lui-même donner des feux utiles. Les pièces de 24 court réussirent cependant, par quelques coups heureux, à éloigner une batterie de cam-

pagne ennemie qui s'était établie à côté de la
grand route de Bouzonville, près du chemin
descendant à Malroy. Mais là se réduisit son
rôle.

En revenant dîner, je vois monter au grand
trot des chevaux déjà passablement efflanqués
deux batteries d'artillerie de réserve, de 12. Mais
un instant après nous les vîmes redescendre
toujours au grand trot : elles n'avaient pas pris
position.

En somme, pour moi cette journée se réduisit
à peu de chose. Ce n'était certes pas là une tentative sérieuse pour gagner Thionville, comme
on l'avait cru d'abord : au reste, un communiqué
officiel envoyé aux journaux pour donner le
chiffre exact de nos pertes nous apprit que « cette
« opération avait pour but[1] de s'emparer des
« approvisionnements de toute nature qui se
« trouvaient dans les Grandes et les Petites
« Tapes, afin d'augmenter nos ressources, et en
« même temps de s'assurer des forces de l'en-
« nemi sur la route de Thionville. » S'il en est
ainsi, il est fâcheux qu'en ce qui regarde les ap-

[1] *Indépendant* du 13 octobre.

provisionnements, le but proposé ait été si mal atteint, car les voitures, envoyées pour charger le butin conquis revinrent absolument à vide, comme je l'ai dit plus haut. On sut peut-être mieux quelles étaient les forces de l'ennemi, mais acheter cette connaissance au prix de onze cents hommes mis hors de combat, d'après le document officiel, c'était cher, on en conviendra.

Et pourtant à cette date, déjà si avancée, alors que de si grands soupçons avaient déjà envahi l'armée, alors que la confiance dans les chefs faisait place aux bruits les mieux faits pour la décourager, tous ceux qui ont *vu* la conduite des troupes reconnaîtront qu'elles étaient loin d'être démoralisées, et que, s'il avait fallu un coup de vigueur, on aurait pu compter sur elles.

Rapprochement étrange : c'est, pendant que deux corps s'acharnaient si bravement à trouver des bottes de paille dans des villages brûlés que le général en chef envoyait aux chefs de corps d'armée une lettre confidentielle leur faisant pressentir le lamentable dénoûment. (Rapport sommaire.)

Le temps, qui avait été si beau hier, au point que l'on ne pouvait supporter aucun vêtement d'hiver, a brusquement changé aujourd'hui. Si le combat avait été reculé d'un jour,. nous n'aurions pas vu la route couverte d'élégants équipages, et, près du fort de St-Julien, autant de spectateurs et de gracieuses spectatrices : j'aurais préféré cela bien entendu, car tout en admettant les ennuis du blocus, je n'ai jamais trouvé fort convenable qu'on fit d'une bataille un spectacle et un but de promenade.

Vers cette date on reprit un projet auquel on avait déjà songé, consistant à détruire le pont que l'ennemi avait jeté à Argancy. Déjà, pendant le mois de septembre, le général m'avait chargé d'étudier cette question : il fallait trouver un moyen de rompre et de brûler ces ponts, sans employer de poudre, autant que possible. Je m'étais, à ce sujet, rendu à Metz d'abord pour me procurer au bureau des ponts et chaussées la carte du cours de la Moselle, puis pour me renseigner sur les obstacles accumulés par l'ennemi et sur les précautions qu'il avait dû prendre pour déjouer notre projet. J'avais appris que, d'après les observations faites du haut de la cathédrale, on avait cru reconnaître trois ponts de bateaux, protégés par une estacade en amont. De plus, la carte de la Moselle montrait qu'avant d'arriver à cette estacade on avait à traverser trois chenals établis soit pour alimenter des moulins, soit pour les besoins de la navigation. Or, par la disposition même de ces chenals, tout corps flottant abandonné à lui-même devait immanquablement s'arrêter en chacun de ces points.

On avait proposé, il est vrai, de chercher à construire un brulot portant des palettes disposées de façon à le faire appuyer sur la rive gauche de la Moselle, c'est à dire à éviter les moulins; mais comme le brulot ne devait pas être monté, que, par conséquent, il devait faire explosion de lui-même en se heurtant contre un obstacle, on avait à craindre alors qu'il n'éclatât en touchant la rive gauche, c'est à dire bien avant l'obstacle que l'on voulait détruire. J'avais exposé tout cela au général, qui m'avait alors dit de ne pas m'en occuper davantage. On voulut cependant reprendre ce projet, mais cette seconde tentative n'eut pas plus de suite que la première.

Dimanche 9. Le temps est décidément affreux, et ce spectacle n'est pas fait pour atténuer la tristesse qui s'augmente chez nous à chaque nou-

veau dimanche qui nous trouve encore sous Metz.
Depuis plus de quinze jours, en effet, en voyant
arriver le dimanche, nous voulons nous convaincre
que c'est le dernier que nous passerons ici ; cependant la semaine s'écoule, et nous reconnaissons
tristement notre déception.

A midi, la pluie dégénère en une véritable tempête : un vent impétueux rugit, la pluie tombe à
torrents sur les malheureux chevaux, qui tous
s'orientent instinctivement de manière à présenter la croupe à l'orage. De temps en temps cependant quelques éclaircies de soleil déchirent le ciel
sombre et éclairent un instant soit la cathédrale
de Metz, soit les forts du St-Quentin, soit les
montagnes à l'horizon. Au milieu de tout cela, le
canon du St-Quentin et du fort de Plappeville
s'entend à de fréquents intervalles. Nous entendîmes dire à ce sujet que chacun des forts
venait d'être armé d'un canon Armstrong. Le
15 août, en traversant le chemin de fer de Thionville, nous avions vu en effet quatre de ces pièces
sur des trucs à la gare. Mais depuis nous apprîmes que ce bruit était absolument faux, et
qu'aucun des quatre canons Amstrong n'avait été
utilisé. Pouquoi? je l'ignore. Le manque de

projectiles n'est pas une raison admissible. En deux mois, on avait grandement le temps d'en fondre.

Nous notons aujourd'hui un bien étrange revirement dans les idées qui émanent du quartier-général. Il paraît maintenant que nous seuls, nous sommes l'armée, que hors de nous il n'y a que des bandes et que nous n'avons rien à démê-ler avec le gouvernement de la défense nationale. Il paraît donc que le vent a changé, car jusqu'à présent on ne parlait qu'avec admiration de la défense de Paris, des armées qui s'organisaient en France, et de ceux qui avaient accepté cette lourde tâche. J'avais même entendu un général vanter les avantages de la République, et démon-trer ironiquement que nous pouvions bien donner un milliard à l'ennemi pour nous avoir fait faire l'économie du régime impérial, de la liste civile et de tous les traitements qu'il traînait avec lui. Aujourd'hui, ce n'est plus cela du tout, et cette brusque conversion nous rend rêveurs. Depuis le départ de Bourbaki et surtout depuis le silence absolu et systématique qui l'entoure, il est permis de trouver étrange la conduite du général en chef. Ce que les pessimistes prétendent serait-il donc vrai? et le maréchal Bazaine songerait-il à devenir un chef de parti? Malgré tout ce que j'entends dire autour de moi, je ne veux cependant pas le croire : je tiens à rester toujours dans la modération, et je me refuse à croire à la trahison parce que je ne comprends pas ce qui se passe. Plus tard, je saurai et je jugerai : pour le moment j'attends avec patience ; et cependant il faut avouer que l'attente devient bien inquiétante. Où en serons-nous dans huit jours? On ne donne plus d'avoine aux chevaux, mais d'affreuses petites graines sans nom. Avec le mauvais temps vont venir les maladies, l'affaiblissement du soldat : puis les marches offensives vont devenir de plus en plus difficiles ; il ne faudra plus songer à emporter de canons, plus de bagages. Comment, comment cela finira-t-il?

Depuis, j'ai su et j'ai jugé. La lumière s'est faite sur bien des points obscurs, la vérité a été connue ; et alors j'ai appris que ma confiance était folie et que j'avais eu tort de rester attaché à la modération. J'ai vu, et, je l'avoue, j'ai vu avec rage que le sort de toute une armée, de tant de braves officiers, d'une ville enfin si généreuse, avait failli être dans les mains d'un sauteur qui

s'était pris au sérieux, et qui, à force de barbouil-
ler des écrits au comte de Bismarck, dont il avait
surpris la confiance, s'était trouvé en lui-même
l'étoffe d'un Talleyrand ; j'ai vu, dans une publication de ce sot personnage [1], assez fat pour se
mettre même au-dessus de l'opinion des simples
honnêtes gens, que si l'armée ne servit pas à des
projets méprisables, cela tint surtout à ce que le
général Bourbaki, trompé à Metz, avait appris
son erreur à Londres et s'était révolté à l'idée du
rôle qu'on voulait lui faire jouer : et, indigné de
voir la suffisance orgueilleuse avec laquelle ce
M. Régnier traitait ce général, cet honnête homme,
incapable d'être chargé d'une mission diploma-
tique, je me suis promis de ne pas oublier que, si
l'armée de Metz avait été humiliée et sacrifiée,

[1] Je recommande aux gens de cœur d'abord, mais aussi aux
gens d'esprit la lecture de cette incroyable brochure. Les
derniers passeront de bons moments à lire les prétentieux
détails, complaisamment donnés par ce plus prétentieux
sire :

Le Möet frappé de son souper, les égards qu'on lui
témoigne, les malices, qu'il croit profondes, de ses dépéches
télégraphiques, le style ridicule de ses factums à l'adresse
de M. de Bismark. Le bouquet, c'est la citation qu'il donne
lui-même de ce journal anglais finissant par ces mots : Il y
a de l'avenir dans cet homme.

c'était du moins au général Bourbaki qu'elle devait de n'avoir point perdu l'honneur.

Mercredi 12. En allant hier à Montigny voir l'état-major du génie du deuxième corps, j'avais appris la nouvelle colportée en ville : un sous-officier, disait-on, avait reçu du chef de gare de Frouard un billet annonçant d'énormes revers de l'ennemi : 180,000 Prussiens hors de combat, l'armée en retraite à Châlons; la dépêche, que l'on avait affichée dans un café, ajoutait : que Metz tienne bon, on arrive.

Aujourd'hui le maréchal Bazaine, dans un communiqué envoyé aux journaux et affiché en outre en ville, expose que « n'ayant reçu aucune nou-
« velle affirmant les heureux faits de guerre qui
« se seraient passés à Paris, il se borne à en sou-
« haiter la réalisation et assure les habitants de
« Metz que rien ne leur est caché; qu'ils aient
« donc confiance dans sa loyauté. » Il termine en disant que « Quoi qu'il advienne, une seule
« pensée doit, en ce moment, absorber tous les
« esprits, c'est la défense du pays; un seul cri
« doit sortir de toutes les poitrines : *Vive la*
« *France !* »

Il paraît, du reste, que ce communiqué a été

jugé nécessaire à la suite d'un commencement de troubles qui, hier, avaient ameuté une foule considérable à l'hôtel de ville. A l'occasion de ce singulier bruit de victoire, les officiers de la garde nationale avaient prié le maire de les accompagner chez le général Coffinières, pour lui demander des renseignements sur la véracité de cette nouvelle, mais on leur avait répondu que le maréchal Bazaine n'en avait pas eu connaissance.

Quoi qu'il en soit, ni cette réponse du général Coffinières, ni le communiqué du maréchal Bazaine ne parviennent à calmer les esprits en ville; on continue à manifester un mécontentement qui grandit chaque jour. On prétend aujourd'hui plus que jamais que le maréchal veut faire servir l'armée de Metz à un rétablissement bonapartiste : il laisserait la ville se défendre seule et nous irions combattre les *bandes* qui se lèvent pour chasser l'ennemi du sol de la patrie.

Ces bruits, je les repoussais alors, et je souriais en voyant des officiers de mérite les répéter; je leur reprochais de faire comme les soldats qui ont si tôt fait de crier à la trahison des chefs parce qu'ils ne remportent pas de victoires. Et, cependant, l'histoire m'apprit plus tard que ces bruits n'étaient pas si ridicules à admettre, puisqu'il est certain qu'ils étaient fondés.

Vendredi 14. Aujourd'hui les rumeurs funestes vont plus loin encore : on parle d'une capitulation prochaine : et l'on en donne une singulière preuve : on prétend qu'hier des affiches ont été apposées à Metz, invitant les habitants à retirer les dépôts d'argent de la caisse d'épargne et du mont-de-piété : deux personnes à qui je demande si elles ont vu ces affiches me l'affirment, et l'une d'elles est un officier sérieux... vérification faite, les affiches disaient seulement que, vu la cherté des subsistances, le délai de huit jours pour le retrait des effets était supprimé. Ainsi, au lieu d'une mesure vexatoire et nuisible aux inté-rêts des habitants, il s'agissait au contraire d'une complaisance accordée à cause de la difficulté de la vie.

Les journaux d'hier et d'aujourd'hui donnent des extraits de journaux allemands. Dans le nombre, des nouvelles que la suite nous apprit appartenir au domaine de la fantaisie. D'autres plus vraies ; l'une d'elles nous fit grand plaisir. Elle venait de Bâle et annonçait qu'un de nos ballons était tombé le 22 septembre près de la ville et que les lettres qu'il portait avaient été remises à la poste.

Les rations de fourrages deviennent de plus en plus imaginaires. Aussi avons-nous presque tous acheté des fourrages à des prix exhorbitants : 100 fr. les 100 kilos d'avoine ! Mais encore faut-il savoir si ce sacrifice nous servira à quelque chose ou si nous finirons par perdre nos chevaux.

Les camps sont du reste affreux : de tous côtés les chevaux meurent l'un à l'attache, l'autre au hasard, sur la route. J'en ai vu dans le ruisseau de Vallières. Près de nous, à deux cents pas, on a établi un champ d'assainissement et d'équarrissage. Les peaux que l'on enlève, sont étalées à l'usine Sendré : tout cela est affreux et infect : il est extraordinaire que de terribles épidémies ne se mettent pas dans l'armée.

Hier enfin on a versé beaucoup de pièces à l'arsenal ; bientôt on n'aurait même plus de chevaux pour les y amener. Ainsi nous n'avons presque plus d'artillerie. Notre position est donc tout près d'être presque absolument perdue. Car nous ne pouvons faire quelque chose si nous sommes absolument sans canons et sans un peu de cavalerie : il est vrai, que l'on espère encore trouver à Metz assez de chevaux de réquisition pour le moment du besoin, mais cette espérance pourrait bien encore être chimérique.

Depuis deux jours le général Boyer est parti pour Versailles. Il paraît que ce départ a été décidé dans un conseil de guerre, tenu lundi dernier. D'après ce qui nous en revient, les chefs de corps, consultés sur la possibilité d'une percée, auraient tous été d'avis qu'il fallait rester sous Metz : le général Changarnier aurait même insisté fortement sur cette nécessité, en s'appuyant sur cet axiome de Vauban : Qui gagne temps gagne vie. Pour le moment on attend le retour du général Boyer que l'on dit envoyé surtout pour connaître la situation de la France.

Le fait intéressant du jour, c'est l'adresse du conseil municipal de la ville au général Coffinières et la réponse de celui-ci. Ces deux pièces m'ont paru intéressantes à rapporter. Le maire avait adressé au général l'allocution que voici :

Monsieur le général,

« La démarche faite auprès de vous par les officiers de la garde nationale a été inspirée par leur sérieuse résolution de s'associer énergiquement à la défense de la ville.

« La garnison, à qui appartient cette défense, peut compter sur l'ardent concours d'une population incapable de faiblesse, quoi qu'il arrive.

« Les communs efforts de l'une et de l'autre garderont jusqu'aux dernières extrémités, à la France sa principale forteresse, et aux Messins une nationalité à laquelle ils tiennent comme à leur bien le plus cher.

« Le conseil municipal se fait l'interprète de la cité tout entière, il ne peut se défendre d'exprimer son douloureux étonnement de la tardive connaissance qui lui est donnée par votre lettre de ce jour seulement, des ressources en subsistances sur lesquelles le commandant supérieur peut compter pour assurer la défense de la place.

« La population en subira, néanmoins, les conséquences avec courage ; elle ne veut, sous aucune forme, assumer la responsabilité d'une situation qu'il ne lui a pas été donné de connaître ni de prévenir.

« Nous vous prions, Monsieur le général, de faire parvenir à M. le maréchal Bazaine cette expression de nos sentiments. Ils se résument dans le cri de Vive la France !

Le général envoya cette réponse qui fut affichée en ville :

Metz, le 14 octobre 1870.

« Monsieur le Maire,

« Le conseil municipal de Metz m'a fait l'honneur de m'adresser une lettre dans laquelle il exprime les sentiments les plus nobles et les plus patriotiques.

« Je m'empresse de vous remercier de cette manifestation qui est loin de me surprendre, car je n'ai jamais douté de l'ardent concours que la population de Metz donnera aux troupes chargées de la défense de notre forteresse. Vous pouvez compter également sur l'énergie avec laquelle nous accomplirons notre devoir. Tout ce qu'il sera humainement possible de faire, nous le ferons sans aucune hésitation. Mais je vous prie de dire à vos administrés que, pour atteindre ce résultat désiré par tous, il faut surtout le calme qui caractérise les gens fermement résolus, et qu'il importe de rester unis, en évitant avec soin tout ce qui pourrait ressembler à l'indiscipline, à la sédition et aux vaines déclamations ; il importe surtout d'exclure la politique de nos préoccupations, parce que la politique est un dissolvant qui ne peut que troubler l'harmonie qui doit régner parmi nous.

« Un gouvernement de fait existe en France, il a pris le titre de gouvernement de la défense nationale ; nous devons reconnaître ce gouvernement, et attendre les décisions qui seront prises par l'assemblée constituante élue par le pays. En attendant sa décision, nous devons tous nous rallier au cri que vous poussez vous-même : *Vive la France !*

« Vous me dites que la population a été péniblement surprise d'apprendre que les ressources en subsistances étaient très limitées. Il était cependant facile de se rendre compte que, lorsque une population civile et militaire de plus de 230,000 âmes a tiré pendant deux mois tous ses vivres d'une place comme Metz, il ne doit plus rester que de faibles ressources.

« Du reste, je n'ai jamais fait mystère de cette situation des subsistances ; la réduction de la ration de l'armée, les recensements faits en ville, les mesures prises pour assurer le service de la boulangerie et les conversations que j'ai eues soit avec **M.** le maire, soit avec divers habitants de la ville, démontrent suffisamment l'épuisement progressif de nos vivres.

« Il serait d'ailleurs inutile de récriminer sur le passé et de rejeter la responsabilité sur les uns ou sur les autres.

« Envisageons courageusement la situation telle qu'elle est, et, comme vous le dites avec beaucoup de raison, subissons-en les conséquences avec énergie, et avec la ferme résolution d'en tirer le meilleur parti possible.

Le général de division, commandant
supérieur de la place de Metz.

« Coffinières. »

Si j'ai cité ces deux pièces dans leur entier, c'est que la dernière me semble présenter un intérêt très grand relativement à la conduite du gouverneur de Metz. Cette conduite a été bien incriminée après la chute de Metz, et beaucoup réunirent dans la même réprobation les noms de Bazaine et de Coffinières. Je trouve que ce sentiment n'est pas juste, et que, si le général Coffinières commit dans la défense de la place des fautes sur lesquelles une enquête, je l'espère, aura à statuer, il ne mérite cependant pas le reproche de trahison, si justement adressé à Bazaine. Le général, en effet, tenait avant tout à se plier aux circonstances ; on remarqua même avec malice qu'après avoir couvert les murs de Metz de son double nom de Coffinières de Nordeck, il avait repris son simple nom personnel quand on avait connu la chute de l'ancien régime et la naissance du nouveau. Sans m'arrêter à ce détail un peu puéril, je ferai remarquer que le général était le premier qui parlait ouvertement du gouvernement de la défense nationale et disait qu'on devait le reconnaître. On prétendit, il est vrai, que c'était là un acte d'habileté d'un homme qui, au point de vue politique, avait donné plus d'une preuve d'adresse. J'y consens, mais il n'en est pas moins vrai qu'il eut seul ce talent, et, qui plus est, que cette audace lui fut très sévèrement reprochée par le maréchal Bazaine, qui avait d'autres idées en tête. Un fait à remarquer, du reste, et bien fait pour décharger le gouverneur de Metz, c'est que l'antipathie qu'avait pour lui le maréchal était partagée, mais dans une plus grande mesure par les généraux prussiens, car, dans les pourparlers qui s'ouvrirent plus tard, le prince Charles s'étonnait que le maréchal eût conservé à son poste un tel homme. On conçoit du reste que le prince devait préférer de beaucoup le premier au second, mais il nous est permis d'avoir une opinion contraire, pour les raisons inverses.

Dimanche 16. L'armée, la ville ont été mis hier en émoi par une canonnade très vive qui s'est, paraît-il, fait entendre dans la matinée dans la direction de Gravelotte. Je dis, paraît-il, parce que, pour moi, je ne l'ai pas entendue; j'avais à faire à Metz, et le bruit de la rue m'avait empêché d'entendre.

Cette canonnade a excité l'impatience la plus vive dans toute l'armée, et surtout dans les corps placés sur la rive gauche de la Moselle. Le maréchal Bazaine, vivement sollicité par plusieurs généraux (notamment par le général Coffinières), se décida à sortir du quartier-général, mais il déclara que la canonnade s'entendait dans la direction de Thionville; la plupart de ceux qui l'entouraient, affirmaient qu'elle venait de Gravelotte et ne comprenaient pas qu'on pût ainsi se refuser à l'évidence, mais qu'y faire? Le maréchal décida qu'il n'y avait pas lieu de s'occuper de l'incident.

Depuis lors, nous n'avons du reste pu nous expliquer la cause de la canonnade. Le plus vraisemblable est qu'elle venait de Verdun assiégé ; il est certain, dans tous les cas, et cela est bien heureux, que ce n'était pas une armée de secours qui s'approchait en livrant bataille.

Le même jour, la ration de pain fut fixée dans la ville de Metz à 400 grammes pour les adultes, 200 pour les enfants de quatre à douze ans, et 100 pour ceux de moins de quatre ans. En outre, ce pain devait être du pain de boulange, confectionné avec la farine composée de toutes les parties du blé.

Quant à l'armée, les vivres décroissaient chez elle comme dans la ville, mais ici se produisit un fait curieux. L'intendance, que l'on a tant attaquée, et avec justice, je pense, l'intendance rendit les plus grands services au troisième corps. Dès le début de la campagne, quand nous étions à Boulay, un officier nous avait déjà dit que, avec M. Friant pour intendant général, nous étions sûrs de ne mourir de faim qu'après tous les autres. L'événement nous fit voir qu'on ne nous avait pas trompés. A cette date encore nous étions à la ration de 300 grammes de pain, nous avions encore du bœuf à la ration de 250 grammes, je crois, et nous étions libres, sur des bons remboursables de nous procurer du cheval, qui ne manquait pas. Il est juste de dire que les hommes n'étaient pas aussi bien traités, en ce sens que la ration de bœuf étant le tiers seulement de celle de cheval, ils préféraient ne manger que de cette dernière, mais enfin il n'en est pas moins vrai que les troupes du troisième corps se trouvèrent avoir de quoi manger bien plus longtemps que celles des autres. Enfin, nous avions encore cet avantage d'avoir le sel à proximité. Depuis longtemps en effet le sel faisait défaut. Heureusement l'existence d'une source d'eau salée, au pied du glacis de Bellecroix, permit d'approvisionner l'armée. Comme il venait à cette source une file interminable de voitures chargées de tonneaux, on avait installé une machine à vapeur qui élevait l'eau dans une grande cuve, d'où elle se déversait par de nombreux robinets. Cette eau, d'abord très salée, perdit rapidement beaucoup de sa force, par suite de la grande consommation qui s'en faisait; néanmoins en l'évaporant on pouvait la concentrer; comme le bois ne manquait pas, nous en fîmes même évaporer jusqu'à siccité une grande chaudière, et nous eûmes de la sorte une petite provision de sel qui nous conduisit jusqu'à la fin du mois [1].

Vers la même époque on essaya, pour nourrir les malheureux chevaux, d'un procédé qui avait paru dans l'*Indépendant*, sous la signature d'un vétérinaire, et qui consistait à faire manger aux chevaux vivants de la chair des chevaux morts ; mais, malgré les affirmations de ce vétérinaire, malgré l'observation exacte de ses recommandations, je n'ai pas connaissance que ce procédé ait réussi. Quelques officiers que je pus consulter m'apprirent au contraire que les essais les plus variés n'avaient pu triompher de la répugnance des chevaux, qui cependant n'étaient plus difficiles, et en étaient venus à manger tout le bois qu'ils trouvaient sous leur dent, comme les portes ou les poutres auxquelles on les attachait.

[1] Un récit du *Daily News*, qui eut la prétention de donner des détails sur les événements de Metz eut la niaiserie d'avancer que cette source n'était qu'une supercherie, et qu'on y avait mis du sel pour encourager l'armée. Je ne cite ce fait que pour profiter de l'occasion de protester contre les absurdités qui fourmillent dans ce récit, et aussi, quoique à un degré moindre, dans celui d'un correspondant de l'*Indépendance belge*, ordinairement si sagement renseignée.

Lundi 17. Ordre nouveau de se préparer à partir. Cette fois tout le monde croit que c'est définitif. S'il en est ainsi, il faut avouer que le moment est singulièrement choisi. Si l'on devait en venir là, s'il fallait tenter la percée, il est étrange qu'on ait attendu pour tenter ce coup suprême presque le moment où il était devenu impossible. Tout maintenant se ligue contre nous. De chevaux, il n'y en a plus, en ce sens que ceux qui survivent, ne peuvent fournir une marche de deux heures. Les quelques voitures qu'on est encore forcé d'atteler pour les besoins du service sont quelquefois forcées de s'arrêter en chemin parce qu'un de leurs chevaux tombe épuisé sur la route. Je sais bien qu'on parle de prendre les chevaux que des habitants riches ont pu nourrir à Metz, mais combien cela fera-t-il? d'autre part, chez nous, les maladies sont devenues plus nombreuses : beaucoup d'hommes ont un air misérable et sont incapables de rien tenter. Enfin, depuis ces six semaines d'inaction, l'ennemi a mis le temps à profit, et, s'il faut en croire les rapports officiels, nous sommes maintenant enserrés par une ligne de retranchements, de redoutes fermant chaque route et armées de batteries de position. Contre ces obstacles qu'avons-nous ? Pas de canon pour les bouleverser ; il nous faut donc les enlever à la baïonnette, mais avec tout l'élan du monde on ne comble pas des fossés, on ne perce pas des palissades, on n'escalade pas des parapets intacts. Aussi pour que ce projet de percer ranime encore l'espérance, il faut que nous soyons réduit à demander notre salut à un acte désespéré de folie. Aussi bien, il est évident que si nous restons, nous marchons à l'abîme. Les uns disent que dans trois jours nous serons forcés de capituler ; trois jours, je ne le crois pas, et je ne saurais admettre qu'avec des rations de 750 grammes de viande nous soyons à la veille de mourir de faim ; mais qu'importe ? si ce n'est dans trois jours, ce sera dans quinze, et puisque nous n'avons plus à espérer que la paix soit faite d'ici là, notre sort est évident ?

Ce sont de telles idées qui font que l'armée se raccroche à cet ordre de marche ; on veut alors se convaincre que si le danger est grand, on peut espérer en sortir ; on se dit que nos aïeux en ont vu bien d'autres ; que peut-être les renseignements qu'on nous donne sont inexacts, que l'ennemi n'est pas aussi en force qu'on le croit, que les ouvrages sont peut-être des supercheries inventées

par ceux qui avaient mis dernièrement à Ladonchamps un tuyau de poële sur un affût de char-
rue pour simuler un canon [1]. Puis, l'imagination
s'échauffant, on se dit qu'une fois la trouée faite,
nous allons peut-être trouver de nombreuses
bandes, puisque bandes il y a, qui nous attendent
impatiemment pour nous rallier; qu'alors la dé-
moralisation où se plaisent à nous jeter nos chefs,
maréchaux, généraux, tombera quand nous sau-
rons les nouvelles ; nous apprendrons qu'on ne se
bat pas *dans* Paris, que les Prussiens n'ont pas
commencé le bombardement, que la France n'est
pas divisée par les partis, comme nous le racontent nos chefs. Courage donc, et puisse *le jour de
gloire être arrivé.*

Mardi 18. En vérité, on ne peut se figurer cela :
des chefs ne cherchant qu'à démoraliser l'armée,
en lui communiquant les plus affreuses nouvelles sans même en avoir de preuves, moins que
cela, malgré les preuves du contraire.

Notre général, appelé à midi chez le maréchal
Lebœuf, qui lui-même avait été le matin au grand
quartier du Ban-St-Martin, notre général nous

---

[1] Fait raconté par l'*Indépendant*, ce qui, à la vérité, ne
prouve pas qu'il soit vrai.

transmet officiellement les nouvelles suivantes :
Le général Boyer, envoyé par le maréchal Bazaine,
revient de Versailles : il n'a été en rapport
qu'avec les .autorités prussiennes, qui lui ont
donné les nouvelles que voici : La France est en
proie à l'anarchie : *dans* Paris on a entendu non
seulement la fusillade, mais même la canonnade :
deux membres du gouvernement de la défense
nationale, Gambetta et Kératry ont dû s'enfuir en
ballon.

Dans le midi, le désordre est au comble : le drapeau rouge flotte à Lyon, plusieurs départements
se sont fédérés et veulent se séparer du gouvernement de Paris. *Rouen et le Havre ont demandé des
garnisons prussiennes !!* En présence de ces faits,
le roi de Prusse ne pouvait, pour traiter, reconnaître qu'un seul gouvernement : la régence de
l'impératrice !

Par suite de ces nouvelles rapportées par Napoléon Boyer, et répétées, qu'on ne l'oublie pas, par
le maréchal Bazaine, par le maréchal Lebœuf, et
de là communiquées à l'armée par les généraux en
sous ordre, le conseil de guerre a décidé que le général Boyer repartirait pour l'Angleterre, afin de
proposer à l'impératrice de signer une convention

qui fixerait le sort de Metz ; en attendant son retour, ajoute-t-on, notre départ est différé de deux
ou trois jours.

Aussitôt cette communication officielle terminée, ne voulant pas prendre part à la discussion
qui allait s'engager, je m'en vais dans le jardin.
Pour moi, ce qui me suffoque, ce n'est peut-être
pas tant de voir notre situation s'aggraver de plus
en plus, mais c'est surtout de voir l'esprit qui
règne au quartier-général. Il faut qu'on se repré-
sente la scène. Le général Boyer, un colonel d'état-
major que le maréchal Bazaine avait fait général
dans les derniers jours de septembre, n'avait pas
une brillante réputation dans l'armée, non comme
honorabilité, je me hâte de le dire, mais comme
talent militaire. Pour nous, qui l'avions vu dès le
début de la campagne, nous avions été grandement étonnés de le voir choisir par le général en
chef pour parlementer avec l'ennemi ; j'avais à ce
sujet entendu tenir ce propos que l'état-major
prussien avait là un pauvre échantillon du nôtre.
Qu'on se figure donc, le général Boyer répétant
devant le conseil de guerre toutes les nouvelles
qu'il avait avalées, la bouche ouverte tout le long
de la route. Lui, ne les met pas en doute, j'en

suis convaincu, et n'y voit pas malice. Le maréchal Bazaine est là ; il est très fin, dit-on ; je n'en sais rien, en tout cas, il a certainement trop de bon sens pour ne pas faire à part lui des réflexions sur la candeur de son émissaire. Mais il ne dit mot. Quant au maréchal Lebœuf, croit-il ou ne croit-il pas ce qu'il entend? Ni l'un ni l'autre ; il ne va pas chercher si loin. On lui dit de répéter ce qu'il vient d'entendre, et il le répète.

Quelle honte pour l'armée française! et qui voudra croire plus tard qu'il s'est trouvé un conseil de guerre qui comptait trois maréchaux, et que, soit duplicité, soit nullité, pas un n'a élevé la voix pour faire cette remarque si simple, que des nouvelles qui ne venaient que de source prussienne pouvaient peut-être bien n'être pas parole d'évangile. Ces gens qui savaient — au fait le savaient-ils? — qu'en 92, les Prussiens bloquant Mayence envoyaient dans la ville de faux journaux français, imprimés en Allemagne, remplis de mauvaises nouvelles, ces gens-là s'inclinaient devant l'exposé de M. de Bismark, l'homme dont les mensonges de toute nature rempliraient un volume? Mieux que cela, le sang français ne bouillait pas dans leurs veines quand ils enten-

daient dire que deux villes françaises avaient
elles-mêmes imploré l'ennemi, l'odieux ennemi,
de venir les protéger contre le désordre. Personne
enfin parmi ces grands personnages auxquels on
avait confié la conduite de tant de milliers d'hommes, personne n'avait fait celte simple remarque
qu'il était absolument impossible que l'ennemi, si
rapproché qu'on l'admît de Paris, pût distinguer
d'une façon certaine le canon dans la ville, alors
que nous, dans notre camp retranché si petit en
comparaison de Paris, nous pouvions à peine reconnaître d'où partaient les coups de canon. Mais
non, pas une discussion au Ban-St-Martin, pas
une non plus à St-Julien : quand nous deman-
dâmes à notre général si personne ne s'était récrié,
il nous répondit que personne n'avait rien dit !

Après cela, qui peut garder la moindre illusion? il est clair que tout espoir est perdu.

Mardi 25. Depuis huit jours, trop de nouvelles
pour pouvoir raisonnablement en tenir compte :
les journaux allemands nous donnent comme
pièce principale la circulaire de M. de Bismark
relative à la conférence qu'il avait eue avec Jules
Favre. Nous apprenons en outre des détails sur la
chute de Strasbourg.

Mais en dehors des journaux, il circule quasi officiellement des nouvelles étranges : un traité nous laissant quitter Metz, un fort seulement livré à l'ennemi, notre armée envoyée à Lyon ou à Tours, puis, — autre bruit, — la paix signée, le comte de Paris roi, une indemnité de quatre milliards acceptée, sans cession de territoire, enfin, en un mot, la vérité impossible à démêler.

Mais ce qui est certain aujourd'hui, c'est que hier a été tenu un nouveau conseil de guerre, dans lequel le maréchal Bazaine aurait annoncé qu'il avait reçu une dépêche par laquelle l'impératrice ne voulait pas traiter avec la Prusse ; qu'en conséquence, on avait décidé d'envoyer le général Changarnier au prince Frédéric-Charles pour tâcher d'obtenir que l'armée se retirât en France ou en Algérie, à condition de ne plus porter les armes contre la Prusse [1].

---

[1] A ce sujet, je crois utile de donner quelques détails sur la conduite que suivit le général Changarnier pendant cette campagne. A partir du jour où le maréchal Lebœuf prit le commandement du troisième corps, le général se tint toujours auprès de lui.

Le 18 août, je ne le vis pas à l'arbre mort, où se tint constamment le maréchal, mais je pense qu'il y était, puisque le fait est affirmé dans une correspondance publiée comme

Il est du reste un fait bien évident pour tout le
monde, c'est que nous sommes absolument à bout
de ressources. Depuis trois jours plusieurs corps
ne reçoivent plus de pain. Nous, plus heureux,
nous sommes à la ration de 200 grammes. Mais
demain, dit-on, la dernière distribution. Avec

venant de lui dans le *Daily Telegraph*. Le 31 août et le
1er septembre, il fut constamment avec le maréchal, et ceux
qui l'ont vu de près pourront reconnaître que c'est bien de
lui que venaient les plus utiles conseils. Depuis lors, il
surveilla toujours les engagements auxquels prit part le
troisième corps.

Le côté politique est assurément celui sous lequel il surprit le plus l'opinion publique. Quand les bruits de trahison
commencèrent à circuler sur le compte du maréchal
Bazaine, il fut un des plus ardents défenseurs de ce dernier, et déclara qu'il tenait le maréchal pour un très honnête homme et qu'il lui obéirait jusqu'au bout. Je n'ai pas
entendu moi-même cette déclaration, mais elle nous fut
rapportée par notre général, qui la tenait du général Changarnier lui-même. Il donna du reste une preuve de ce sentiment quand les gardes nationaux de Metz voulurent lui
demander de se mettre à leur tête. Il refusa, et recom-
manda l'esprit de discipline.

Mais le plus étrange, c'est qu'au moment des pourparlers
entamés par le général Boyer, on vit un jour le général
Changarnier déclarer qu'il ne voyait de salut que dans la
régence de l'impératrice ; qu'il savait qu'il affligeait ses amis
politiques, mais qu'il mettait les sympathies personnelles au
dessous du salut de tous.

tout cela il fait un temps épouvantable : tous les jours un ouragan terrible est déchaîné sur le camp. Fouettée par le vent, la pluie tamise sous les tentes, et, la nuit, les hommes sont trempés. D'ici à Metz la route est un cloaque : elle est couverte d'un pied de boue qui ne peut s'écouler : de temps en temps, pour égayer la scène, on voit un cheval râlant dans la boue, sale, efflanqué, hideux.

Enfin, enfin le dénoûment est proche. Dimanche prochain, il est certain, absolument certain, que nous ne serons plus ici. L'opinion qui me paraît la plus raisonnable à accepter, c'est que nous allons partir prisonniers : je trouve que les Prussiens seraient bien bons de nous laisser en liberté, quand ils n'ont absolument qu'à étendre la main sur nous. A moins, comme on le prétend, que 100,000 prisonniers ne les embarrassent trop.

Mercredi 26. Les démarches du général Changarnier auprès du prince Frédéric-Charles n'ont pu aboutir à rien. La proposition de neutraliser l'armée de Metz, qui se rendrait toute entière en Algérie, avait été près d'être acceptée par le prince, mais des ordres supérieurs la firent rejeter : il fut déclaré que l'armée de Metz, ainsi que la place, devaient être livrées à l'ennemi. On va dès lors s'occuper des conditions de la *convention*, c'est le mot adopté, bien qu'il ne trompe personne. On s'occupe beaucoup de ce singulier soin, d'obtenir que les officiers gardent leurs épées : par une étroitesse de vues bien étrange en un pareil moment, on a l'air de considérer notre honneur comme attaché à cette condition. Un fait encore bien remarquable, c'est l'insistance ordonnée, paraît-il, en haut lieu, avec laquelle on recommande à tous les officiers d'user de toute leur influence sur l'esprit des soldats pour les amener à se soumettre, sans murmurer, à la dure nécessité et les détourner des scènes de violence ; de la tenue des soldats, nous dit-on, dépendra le sort des officiers ; si les hommes murmurent, comme à Sedan, s'ils brisent leurs armes, comme à Strasbourg, ainsi que le racontent les journaux allemands, les officiers seront dépouillés de leurs armes, de leurs effets, de leur argent. En un mot, on dirait vraiment que la plus grande crainte de nos chefs en ce moment, c'est de perdre leur bourse. On ne saurait croire, au reste, les fausses idées qui circulent parmi les officiers. Chacun de nous se sépare de ses effets les plus précieux, et nous nous mettons à coudre les pièces d'or que nous voulons emporter dans la doublure de nos vêtements. Que voulez-vous ! personne dans l'armée française ne connaissait les lois qui s'appliquent à la captivité.

Jeudi 27. Nous marchons à grands pas vers le dénoûment. A l'heure qu'il est, tout doit être terminé. Les nouvelles de ce soir sont que les armes et les aigles seront déposés dans un fort et y seront neutralisés jusqu'à la fin de la guerre. Ainsi on s'en remet à la bonne foi des Prussiens.

Cette étonnante nouvelle excite dans l'armée la plus vive indignation. Puisqu'il est certain que l'ennemi ne veut pas entendre parler des égards si souvent accordés aux armées qui ont montré du courage, puisqu'il est certain que les conditions qui nous sont faites sont aussi dures que possible, pourquoi livrer tout ce qui pourrait être détruit ? pourquoi ne pas brûler les fusils, les drapeaux, le matériel d'artillerie ? pourquoi ne pas faire sauter les forts ? Que pouvons-nous craindre pour nous [1] ? Nous n'aurons pas le droit

---

[1] Il paraît que cette idée était fausse ; nous avons appris depuis que si nous n'avions pas livré nos armes et nos drapeaux, l'ennemi nous aurait tenus enfermés jusqu'à ce que

d'emporter nos épées, peut-être, mais en serons-
nous bien plus malheureux?

Aujourd'hui à une heure, s'est tenue à Metz
une réunion d'officiers de toutes armes, mais prin-
cipalement du génie. Le colonel Boissonnet la
préside. On veut s'entendre sur les moyens de
faire une trouée, on se consulte sur la possibilité
de la tenter. Le général Aymard, dit-on, consent
à prendre le commandement si l'on trouve
40,000 hommes, le général Clinchant se contente
de 20,000; le colonel Ferrussac répond de son
régiment; mais en somme, on ne résout rien.
Quelques officiers beaux parleurs[1] emploient les
grands mots à l'ordre du jour, mais personne ne
se présente pour attacher le grelot; on se sépare
en s'ajournant au lendemain.

J'ai vu depuis des rapports écrits en style plus
ou moins énergique, dont les auteurs, courageux
tout à leur aise, ont blâmé beaucoup ce manque
de décision. Un M. de Bouteillier, entre autres,

la faim eût terminé son ouvrage; à peine aurait-on ouvert
un passage à la population innocente de Metz.

Ceci n'est pas inventé. On le lira en toutes lettres dans
une brochure publiée à Mayence sous le titre de : *Opérations
militaires autour de Metz*, par un officier général prussien.

[1] Entre autres le capitaine Rossel.

ancien capitaine d'artillerie qui donna sa démission au moment de la guerre de Crimée, devenu depuis député de la majorité, déplore à ce sujet que la discipline ait amené cette faiblesse. Assurément il en peut parler tout à son aise; l'audace est facile à qui ne risque rien; mais, quant à moi, je trouve qu'il est naturel que ces démarches n'aient point abouti. Un acte de folie est-il un acte de courage? en France on est sujet à confondre les deux. Sans doute, quelques hommes auraient réussi à s'échapper, mais combien? Qu'on songe aux zouaves de Sedan. A Metz d'ailleurs, l'ennemi, instruit par ses espions, s'attendait à une tentative de désespoir, et il est permis de croire que ceux qui s'y seraient résolus, auraient conduit à un massacre assuré, eux-mêmes, ce qui les regardait, mais en outre de braves soldats dont ils auraient eu à répondre.

Non, cette dernière tentative ne doit pas être regrettée. Il y avait alors autre chose à faire : les hommes affaiblis comme ils l'étaient physiquement et moralement, étaient moins utiles en France que les officiers. Parmi ces derniers, ceux qui se révoltaient à l'idée de se rendre, auraient pu alors disparaître, se cacher en ville, en un mot déser-

ter ; une fois la convention signée, ils n'auraient
pas été liés implicitement comme ceux qui avaient
gardé leur poste, et par suite ils pouvaient s'enfuir, ce qui était très facile. Mais pour cela, il
fallait ne pas se faire illusion sur la chose, c'était
une désertion formelle. Par la suite j'ai regretté
moi-même de n'avoir pas pris ce parti, et maintenant que je suis instruit par l'expérience, je n'hé-
siterais plus. Mais alors je l'avoue, *je n'ai pas osé*,
et qui pourra m'en blâmer, du moins parmi les
hommes de bon sens? Pour se résoudre à un acte
extra légal comme celui-là, il fallait être sûr de
réussir, et rien ne m'était moins démontré.

Dimanche 30. Tout est fini depuis hier, et
nous sommes encore, sous le coup des événements,
comme abasourdis et hébétés. Avant-hier on nous
a distribué le protocole imprimé. Il n'aurait plus
rien dû nous apprendre, et cependant il nous dé-
voile une dernière infamie : tout cela n'a été
qu'une immense tromperie : la prétendue neutra-
lisation des aigles, des fusils, n'a jamais été en
question. Nous livrons tout, absolument tout ; le
protocole ne parlait même que de l'occupation de
la porte Mazelle, de sorte que les journaux de
Metz ont annoncé d'abord que la ville ne serait

pas occupée, mais hier toutes les portes de la ville ont reçu leurs postes allemands ; hier, dans la soirée, nous avons entendu la ville résonner des fanfares de la musique militaire.

En lisant les termes de la capitulation, un de nous, indigné, et n'en pouvant croire ses yeux, va trouver le général qui lui répond : « C'était pour dorer la pilule. »

Dorer la pilule, en effet, ç'a été la grande préoccupation des derniers jours : hier, en revenant du quartier général, j'ai rencontré les soldats qui avaient été verser leurs armes au fort de St-Julien : deux d'entre eux m'ont demandé s'il était bien vrai qu'ils allaient retourner dans leurs foyers ; c'est l'idée qu'ils se font tous. D'où peut venir une pareille erreur ? si les chefs ne l'ont pas répandue, n'est-il pas vrai au moins qu'ils l'ont laissé propager ? Quelle immense tromperie que toute cette histoire !

Avant hier, depuis que la nouvelle a été connue en ville, il s'est produit une certaine agitation, mais plutôt bruyante que sérieuse. Devant la porte de l'arsenal, qui était fermée, des groupes s'étaient réunis ; on entendait de temps en temps des détonations. La Mute, le bourdon qu'on n'en-

tend que dans les grandes circonstances, sonnait
à la cathédrale. Il y a sept ans, je l'avais entendue
sonner l'entrée de Bazaine à Mexico. *Sic transit
gloria mundi.*

Quant aux troubles qui ont pu se produire à
Metz, je n'en parlerai pas, parce que les cris de
quelques énergumènes ne doivent pas être pris
pour l'expression de la douleur d'une grande
ville, si profondément atteinte dans ses intérêts,
dans ses affections, dans son honneur. Je laisse
donc aux récits publiés dans le *Daily Telegraph*
et dans *l'Indépendance belge* la responsabilité de
ce qu'ils racontent, un journaliste à cheval jouant
au militaire, chantant la *Marseillaise* et déchar-
geant en l'air son pistolet, un officier d'infanterie
ouvrant son habit, des femmes respectables (??)
s'arrachant les cheveux, jetant leurs chapeaux
par terre, les soldats sanglottant, etc., etc.; tout
cela pourra toucher ceux qui aiment les scènes à
effet; je me borne à constater que dans la ville,
où j'ai été le 27 dans l'après midi, je n'ai rien vu
de pareil.

Dans la soirée, nous entendons du St Julien le
tocsin sonner du haut de la cathédrale.

Quant au reste je le dirai en peu de mots : le

samedi à midi, les troupes, conduites par quelques officiers désignés d'avance, furent livrées sans armes aux avants-postes prussiens, puis les officiers revinrent seuls.

Un certain nombre d'entre eux se révoltèrent contre l'article du protocole qui disait que les officiers étaient censés s'être engagés sur l'honneur à ne pas quitter la place, et s'enfuirent ; rien n'était plus facile alors. Si, en conscience, ils ont cru bien faire, je n'ai rien à dire de leur résolution. Seulement pour ma part, je soutins à ce sujet que le protocole nous liait, que chaque officier ne pouvait être consulté en particulier et que nous étions engagés par la parole de Bazaine, quelque opinion que nous eussions de lui.

Ce sentiment, je le maintiens encore, et si j'avais à recommencer, je ferais ce que j'ai fait. Il ne nous restait plus, à mon avis qu'un moyen loyal d'échapper à notre sort, c'était de nous évader pendant notre transfert en Allemagne. Quelques officiers de ma connaissance y réussirent, et je regrette de n'avoir pas été aussi adroit qu'eux.

Telle est la triste histoire des trois mois que
vécut l'armée qui porta officiellement le nom
d'armée du Rhin, mais que l'histoire appellera
l'armée de Metz. Pauvre armée, pauvre ville!
Toutes deux cependant étaient dignes d'un autre
sort, toutes deux avaient su s'élever à la hauteur
des circonstances, et jusqu'au dernier jour, montrer le courage devant l'ennemi, la patience dans
la misère, la fermeté dans le malheur. Si les hommes qui ont amené tant de désastres étaient acces-
sibles aux sentiments généreux, il me semble
qu'un des plus poignants regrets de leur vie devrait être le souvenir de cette belle armée et de
cette noble ville plongées dans de telles misères.
Pour ceux qui, loin de ces sphères élevées où le
sens moral paraît faire tellement défaut, se con-
tentent de sentir en hommes de cœur, cette lamentable tragédie qui se termine au 29 octobre, ne

sortira pas de sitôt de leur mémoire : ils reverront longtemps dans leurs souvenirs toutes ces scènes désolantes : nos troupes désarmées conduites aux avant-postes ennemis, et les descendants des vainqueurs d'Austerlitz livrés misérablement aux petits-fils des vaincus d'Iéna ; ils reverront nos forts ouverts pour recevoir les conquérants d'aujourd'hui, et Metz la pucelle envahie par les flots des armées d'Outre-Rhin ; ils entendront les fanfares des régiments traversant la ville, le retentissement des canons sur le pavé des rues, et les sons gutturaux des commandements dans une langue barbare. Et, en voyant toutes ces choses, la tristesse couvrira leur front et la colère s'accumulera dans leur cœur.

Que cette tristesse et cette colère ne soient pas du moins stériles. Impuissants, épuisés, concentrons nos âmes dans un seul sentiment : la volonté. Nous, militaires, n'ayons qu'un but : profitons d'un armistice qui sera long peut-être pour nous préparer au jour que nous attendons tous.

Bien des causes ont amené nos malheurs, et je ne suis pas de ceux qui croient qu'un seul homme doit en porter la responsabilité. Il est la première cause de nos désastres, celui qui a voulu cette guerre insensée ; que son nom soit donc maudit à jamais ! Mais n'oublions pas qu'après nos premiers revers, nous eussions pu espérer une revanche glorieuse si chacun avait fait son devoir.

Si la France l'avait voulu, si les campagnes avaient suivi l'exemple des villes, si la flamme du patriotisme s'était rallumée dans tous les cœurs, nous n'en serions pas où nous en sommes. Mais je ne veux pas perdre mon temps en de stériles récriminations, l'heure des vaines paroles est passée ; soyons froids et dignes autant que nous sommes malheureux.

Que chacun au lieu d'accuser les autres, rentre en lui-même et reconnaisse ses fautes, avec la généreuse intention d'y porter remède.

L'armée est bien coupable : la discipline a manqué aux soldats, l'instruction aux officiers ; corrigeons-nous et formons des troupes disciplinées et des officiers instruits. Le premier point dépend du second, car si la discipline s'est perdue, c'est que les officiers n'en ont pas senti l'importance. Donc avant tout, ayons de bons officiers. Qu'on ne trouve plus des officiers de cavalerie demandant si l'on met de la poudre dans les obus [1] ;

---

[1] Historique, arrivé au Ban St-Martin.

des officiers d'infanterie s'enquérant où sont les grands gardes, avant de faire une reconnaissance afin de ne pas les dépasser[1]; que nos officiers d'artillerie soient moins bons écuyers et meilleurs artilleurs; qu'on ne voie plus un général commandant en chef l'artillerie, le président du comité donner l'ordre de mettre des fusées percutantes *surtout aux obus à balles*[2]; que dans le génie on fasse moins d'évolutions de ligne et qu'on n'employe plus nos hommes en tirailleurs[3]. Mais surtout, surtout, — et que n'ai-je une voix plus autorisée pour répéter à satiété ma pensée, — surtout formons un corps d'état-major. Sur ce point, prenons modèle sur nos ennemis, où les officiers d'état-major sont véritablement l'élite de l'armée, et sont choisis non parmi les premiers sortis d'une

[1] Historique, arrivé au Ban St-Martin.

[2] Ordre du général Soleille.

[3] A Sedan une compagnie du génie fut faite prisonnière. Le prince royal qui passait, demanda, étonné, comment cette compagnie avait été prise là. En apprenant que les hommes étaient déployés en tirailleurs, il ne put retenir cette exclamation de surprise : Du génie en tirailleurs !

Tous les ans, du reste, on consacre, dans les régiments du génie, où les travaux du polygone ne manquent cependant pas, un grand nombre de séances à faire *l'école de bataillon*, et jusqu'aux *évolutions de ligne !*

école militaire à 22 ans, mais parmi des officiers
de toute l'armée, ayant montré par des examens
sérieux, longs, difficiles, *d'où la faveur est absolument exclue,* qu'ils possèdent les qualités spéciales
qui leur permettront un jour de porter la lourde
responsabilité de commander les armées, et de
mériter cette confiance autrement que par la
faveur d'une femme ou le talent de bien conduire
la danse de la cour.

Tout cela est bien simple, et tout cela cependant est difficile. Nous parlons beaucoup d'éga-
lité, mais dans la pratique que de fois avons-nous
vu l'intrigue l'emporter sur le mérite et que de
fois, je le crois bien, le verrons-nous encore!
Parmi les plus élevés, plus d'un reprendra sa
place, son autorité, son influence, malgré des
preuves d'incapacité dont tant de gens sages auront été les témoins. Et ceci arrivera tant que, sous
le faux prétexte de la discipline, la voix de l'armée
sera étouffée, et que l'organisation et la direction
de ce grand corps seront soumises au bon plaisir
d'un ministre et de ses créatures, sous le seul con-
trôle d'une chambre où ne se trouve pas un homme
du métier, pour dire à un maréchal de France :
Racontez cela à des avocats, à des industriels, à

des propriétaires, mais n'espérez pas trouver en nous des auditeurs naïfs et dociles, nous qui savons de quoi il s'agit.

Enfin ne désespérons pas, la désespérance est trop triste; qui sait si le règne du bon sens ne va pas arriver? Ah! souhaitons-le, car, avec lui et avec lui seul, nous pouvons espérer nous relever de nos malheurs.

Je ne suis pas de ceux qui ont acclamé la guerre; le 15 juillet, dans la soirée, quand *la Liberté* annonçait la séance des chambres et la rupture de la paix, j'ai vu, d'une des fenêtres du boulevard, passer des bandes insensées criant : *vive la guerre!* et tandis que, des fenêtres voisines, partaient des applaudissements, j'ai, moi, avec tristesse et colère, répondu par des coups de sifflet.

Mais si cette guerre révoltait en moi les idées de justice et de droit qu'un militaire n'est nullement tenu d'étouffer en son cœur, les mêmes principes me font souhaiter ardemment une guerre future, une guerre où la force nous rendra ce que la force nous a enlevé, une guerre où il sera rendu œil pour œil et dent pour dent. Cette guerre, puissions-nous la voir, puissions-nous y prendre part, nous tous qui avons combattu, qui avons souffert, qui avons capitulé à Metz! Puissions-nous retrouver la victoire là même où nous l'avons perdue, et mériter de nouveau dans l'avenir le titre d'armée de Metz! En attendant, cette guerre, puisse-t-elle devenir l'unique préoccupation de l'armée! Et comme jadis le vieux Scipion, interrogé par les pères conscrits sur les questions qui agitaient le sénat, ne manquait jamais de rappeler sa haine contre la puissante Carthage, que l'armée, empruntant ses paroles, répète constamment dans l'idée fixe de la colère :

Delenda est Carthago.

APPENDICE.

Les documents officiels, relatifs aux subsistances et, par suite, au rationnement de l'armée, m'ont été impossibles à trouver, ce qui tient à ce que tous les papiers de l'intendance ont été déposés à Metz dans des cantines fermées, cachetées et pesées ; d'autre part, ne m'attendant pas au dénoûment que nous avons vu, je n'ai pas pris le soin de noter exactement les ordres relatifs à la composition des rations, avec leurs dates : attaché à un état-major, n'ayant pas de troupes sous mes ordres, je n'y fis pas assez attention. D'ailleurs, comme je l'ai dit, le troisième corps se trouva tellement favorisé, par suite du choix de l'intendant général, que l'on ne pourrait juger par lui des misères de l'armée.

Voici seulement quelques renseignements que j'ai pu me procurer auprès d'un officier d'artillerie du quatrième corps : je copie presque textuellement ses notes :

La question des subsistances fut, de la part du ministre de la guerre, l'objet de la même incurie que toutes les autres. Partant toujours du principe que la guerre devait être offensive, il avait accumulé les approvisionnements en vivres dans des villes ouvertes, comme Sarreguemines, Lunéville ; dans son mouvement de retraite, l'armée ne put emmener ces approvisionnements, qui tombèrent aux mains de l'ennemi et facilitèrent singulièrement sa marche offensive [1].

[1] Les deux grandes places fortes de la frontière allemande, Strasbourg et Metz, et surtout la dernière, regorgeaient de matériel de guerre pour l'approvisionnement des armées ; mais leurs remparts, lors de l'apparition des Allemands, n'étaient nullement armés ou l'étaient incomplétement, et les pièces de siége se trouvaient encore dans les dépôts ; mais les magasins ne contenaient pas de vivres ; on les avait réunis dans des villes ouvertes plus commodes. Ainsi, Lunéville et Sarreguemines avaient été choisies comme centres d'approvisionnement, quoique situées presque sur la frontière ; ces deux villes tombant dès les premiers jours entre les mains des Allemands, rendirent beaucoup plus facile leur marche en avant. Si les magasins s'étaient

Le général Coffinières, gouverneur de Metz, ne saurait être responsable de ces fautes, mais il en commit d'autres tout aussi grandes. En s'installant dans son commandement, sa première préoccupation devait être d'imposer aux habitants de se pourvoir de vivres pour plusieurs mois, de faire rentrer dans la place tout ce qui se trouvait d'approvisionnements dans les villages circonvoisins, d'en faire venir par le chemin de fer des Ardennes, qui ne fut coupé que le 19 août, etc. Il ne prit aucune de ces précautions, il laissa entrer à Metz toutes les populations des villages ou des villes ouvertes, qui, fuyant avec précipitation,

trouvés à Metz et à Thionville, il y aurait eu quelques légères difficultés pour approvisionner l'armée envahissant l'Allemagne ; mais aussi, vu le résultat des premières hostilités, cette circonstance seule aurait pu modifier la marche des opérations ultérieures, car la quantité d'approvisionnements était si considérable qu'ils auraient suffi à alimenter pendant des mois entiers l'armée cernée à Metz. Même après le 6 août, alors que le siége de cette place était probable, on ne paraît pas avoir songé à transporter les approvisionnements de Lunéville à Metz, et cependant on avait pour cette opération plusieurs jours et un chemin de fer à deux voies.

Opérations militaires autour de Metz, par un officier général prussien.

n'apportaient pour la plupart que leurs effets les plus précieux et aussi leurs couchages, mais peu ou point de vivres : cette émigration amena de vingt à trente mille bouches inutiles, qu'il fallut nourrir pendant toute la durée du siége.

Le général Coffinières répond, il est vrai, à ces critiques en se retranchant derrière un décret de 1863, d'après lequel, tant qu'un général en chef est à proximité d'une place, il en a le commandement absolu et doit assurer les approvisionnements (*Indépendance belge*, du 27 novembre 1870 : lettre du général Coffinières).

Le maréchal Bazaine, d'autre part, rejette toute la responsabilité sur le gouverneur de Metz (rapport sommaire). Dans cette triste querelle, qui a raison? je l'ignore. Il faudrait connaître le décret en question. Mais, quels qu'en soient les termes, n'est-il pas évident que le général pouvait et devait approvisionner la ville sans s'en tenir à la lettre d'un décret? Le maréchal, occupé ailleurs, ne l'eût certainement pas désapprouvé. Donc le général est coupable, soit de négligence, soit de mauvais vouloir.

Quoi qu'il en soit, Metz renfermait heureusement dans ses magasins des vivres en quantités considérables, telles qu'ils eussent assuré la vie de l'armée et de la ville jusqu'au mois de janvier au moins, si on les eût ménagées ; mais il eût fallu pour cela que le général en chef eût une idée arrêtée, et qu'il eût fait connaître au gouverneur son intention formelle de rester avec son armée sous les murs de la place. Le fit-il, cela paraît peu probable. Dans tous les cas, le général Coffinières devait prendre l'initiative, mettre les choses au pis, et partir de cette hypothèse que l'armée subirait un blocus. Le premier soin dès lors devait être de rationner l'armée et la ville. Or, bien loin de là, on continua à distribuer la ration de pain à raison de 750 grammes, et les boulangers en ville purent vendre à discrétion pain et farine. Ce n'est que beaucoup plus tard qu'on restreignit la ration et qu'on étendit la mesure aux habitants. Le maréchal, sachant que les ressources en vivres étaient peu considérables [1],

---

[1] Quant à nous, ces corps sont peu riches en vivres (dépêche à l'empereur le 17 août.)

Nous étions donc réduits, dès le début, aux faibles approvisionnements des magasins de Metz et des villages sur lesquels nous étendions notre action.

Extraits du rapport sommaire.

ou tout au moins le disant, ordonne, le 10 septembre, de distribuer du blé aux chevaux en remplacement d'avoine. Pendant les journées des 11, 12, 13 et 14 septembre, on toucha en conséquence du blé pour les chevaux, à raison de 5 kilogrammes la ration.

Cet ordre, il est vrai, ne fut pas exécuté dans tous les corps, notamment au troisième, où l'intendance avait de grands approvisionnements d'avoine. Ajoutons encore que les magasins des forts regorgeaient de vivres, au point que leur garnison toucha jusqu'au dernier jour du blocus la ration entière de pain blanc. Comme preuve, je citerai ce fait : le 21 octobre, le projet d'une sortie générale étant remis sur le tapis, ordre fut donné à plusieurs batteries de se reconstituer à quatre pièces (elles étaient réduites à deux, par la mort des chevaux, mais elles devaient en prendre en ville pour atteler deux autres pièces); par suite les hommes qui se trouvaient en excédant furent envoyés dans les forts, où ils trouvèrent, au lieu du pain noir si parcimonieusement mesuré au camp, du pain blanc à ration double.

Au reste, il est avéré que quand les forts furent remis à l'ennemi, ils contenaient encore en farine, biscuit, lard et riz, des approvisionnements assez considérables pour fournir à leurs garnisons des vivres pendant plusieurs mois ; à côté de cela, dans certains corps, les hommes mouraient de faim, et cependant la mise en commun des vivres de la place et de l'armée avait été ordonnée par le maréchal, de sorte qu'ici encore on peut se demander si l'on doit reprocher au général Coffinières son ignorance de ses ressources, ou son mauvais vouloir à les livrer.

Cependant, pressé par l'intendance, le maréchal Bazaine se décida à réduire la ration de pain, qui fut abaissée successivement à 500 grammes, à 300, puis à 250 sans blutage. En même temps on élevait la ration de viande, qui atteignit 750 grammes.

Le général Coffinières prit des mesures analogues, et se décida, quoique tardivement, à rationner les habitants.

Tardivement aussi il ordonna des perquisitions pour rechercher les vivres chez les habitants et les marchands. Mais ces perquisitions ne furent jamais exécutées avec la sévérité nécessaire. Les boulangers purent continuer à vendre du pain absolument blanc à leurs pratiques privilégiées, pendant qu'ils livraient du pain noir au public. Des marchands, songeant avant tout à leurs intérêts, et spéculant sur la misère publique et la nécessité, purent garder dans leurs caves ou leurs greniers toute espèce de provisions, et c'est ainsi que l'on put, jusqu'au dernier jour, trouver à acheter du sel, à condition de le payer 10 ou 15 francs la livre, alors que depuis dix jours il était impossible d'en trouver chez les épiciers ; et c'est ainsi encore que le 29, alors qu'il n'était pas entré une seule voiture en ville, on vit reparaître à certaines vitrines des jambons, du sucre et des épices. Enfin, une preuve remarquable de l'incurie avec laquelle furent faites ces perquisitions, c'est qu'elles n'amenèrent à trouver que 500 quintaux de farine, et cependant, deux jours avant qu'elles ne fussent ordonnées, l'intendant général du troisième corps avait passé un marché qui lui assurait 1,000 quintaux. Ce marché fut annulé par l'ordre de perquisitions. (Je ne garantis pas ces deux chiffres, le premier étant cité de mémoire, mais ce que je garantis c'est que le second était le double du premier.)

Enfin, je citerai encore ce fait : un habitant d'un des villages voisins de Metz, ayant reçu en dépôt d'un paysan des sacs dont il ne savait pas le contenu, regarda ce qu'ils renfermaient, quand on ordonna les perquisitions, y trouva du blé, qu'il déclara, et néanmoins, *on ne vint jamais le lui réclamer.*

Et, cependant, dès le 21 octobre, on cesse de distribuer aux hommes le misérable pain de farine non blutée, mélangée souvent de paille et de bois, pain si mal travaillé qu'il ne faisait qu'une pâte noirâtre. Ce pain même manqua, il n'y eut plus de distribution ; les troupes devaient vivre sur les quatre jours de biscuit qu'elles étaient censées avoir, mais ces réserves étaient consommées depuis longtemps. Le 24, on donna un peu de farine, le 25, un peu de millet seulement, dont il était impossible de rien faire. Le 26, on eut 37 grammes de blé, autant le 27 : on moulut ce blé dans les moulins à café.

Le 26, une ration de riz de 20 grammes ; les 26 et 27, une ration d'eau-de-vie.

Les 27, 28 et 29 une ration de sucre et café à raison de dix grammes par ration plus une ration de vin.

Le sel, dont la ration réglementaire est de 1/60 de kilog, fut réduit successivement à 10 grammes, puis à 5, puis à 2. Il n'en fut plus distribué à partir du 10 octobre.

Quant à la viande, heureusement elle ne manqua pas, car la ration de cheval fut jusqu'à la fin de 750 grammes.

Si de l'alimentation des hommes nous passons maintenant à celle des chevaux, nous y trouvons encore des preuves d'incroyable incurie.

Pendant tout le mois d'août et celui de septembre, il fut distribué des rations régulières d'avoine, et presque toujours du foin et de la paille. La ration d'avoine, qui pouvait être diminuée sans inconvénient, les chevaux n'ayant aucun travail à fournir, fut au contraire augmentée, et même exagérée, on peut le dire, car elle fut portée à 7 kilog. Dans le courant de septembre on remplaça même à poids égal l'avoine par le blé, qui est plus nourrissant.

D'autre part, les dépôts des régiments d'artillerie à Metz étaient encombrés de chevaux malades et blessés, en telle quantité que les écuries ne suffisant plus, on en avait mis aux anneaux d'attache et aux grilles, dans les cours. Il eût fallu dès l'abord sacrifier tous ces chevaux, faire un choix également parmi ceux des régiments de cavalerie et des batteries, et abattre ceux qui ne paraissaient plus.pouvoir servir. En réduisant en outre la ration des survivants, on eût pu conserver en bon état l'élite des chevaux jusqu'au mois de janvier.

On a prétendu, il est vrai, qu'on ne saurait que faire de tant de chevaux abattus, mais ceci est une plaisanterie; d'abord on pouvait les enfouir avec de la chaux, ainsi qu'on l'a tant fait au mois d'octobre; puis il y avait un meilleur parti à en tirer. Nous avons vu boucaner à Mayence d'énormes quantités de bœufs; qui empêchait de le faire à Metz? On a, du reste, essayé de faire des conserves de cette viande; mais on s'y prit trop tard; puis, il était écrit que rien de ce qui réussissait aux autres ne réussirait chez nous, car ces conserves, quand on les ouvrit pour les goûter, furent trouvées à peu près gâtées.

Les distributions de fourrage continuèrent régulièrement jusqu'au 6 octobre. A dater de ce jour, on donne en remplacement d'une partie de l'avoine des tourteaux auxquels l'immense majorité des chevaux refusa de toucher même quand ils n'eurent plus rien à manger. L'avoine fut encore remplacée par des graines de toutes sortes, graines de betterave, de millet, de colza, ainsi que par des betteraves que les chevaux refusèrent. Le 13 octobre, toute distribution cessa, et il ne fut plus rien donné qu'un sac ou deux de graines. On essaya alors de feuilles, surtout de feuilles de vigne, d'écorce ou de racines de peuplier hachées menu ; on menait les chevaux à la pâture aussi loin que possible. On essaya même de les nourrir avec du cheval, soit en faisant cuire la viande, la hachant très menu et la mélangeant à de l'avoine, soit en faisant un bouillon très substantiel ; mais les chevaux n'en voulurent pas.

Aussi fantastiquement nourris, exposés à toutes les intempéries, les chevaux ne pouvaient durer longtemps. Aussi tombaient-ils morts sur les routes ou à l'attache ; cependant à force de soins on put en conserver seize dans la batterie jusqu'au dernier jour. Ils n'auraient certainement pas pu supporter de longues fatigues, mais ils pouvaient encore traîner les pièces, et, avec quelques jours d'une alimentation substantielle, ils auraient rapidement repris leurs forces.

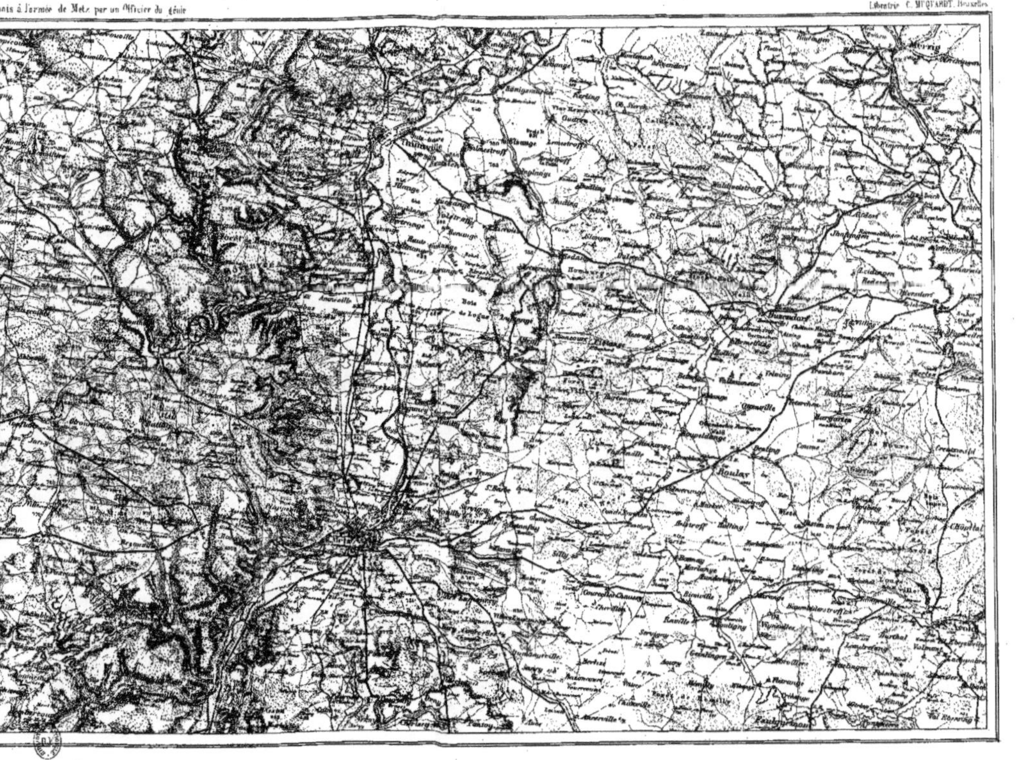
Libraire C. MUQUARDT. Bruxelles.

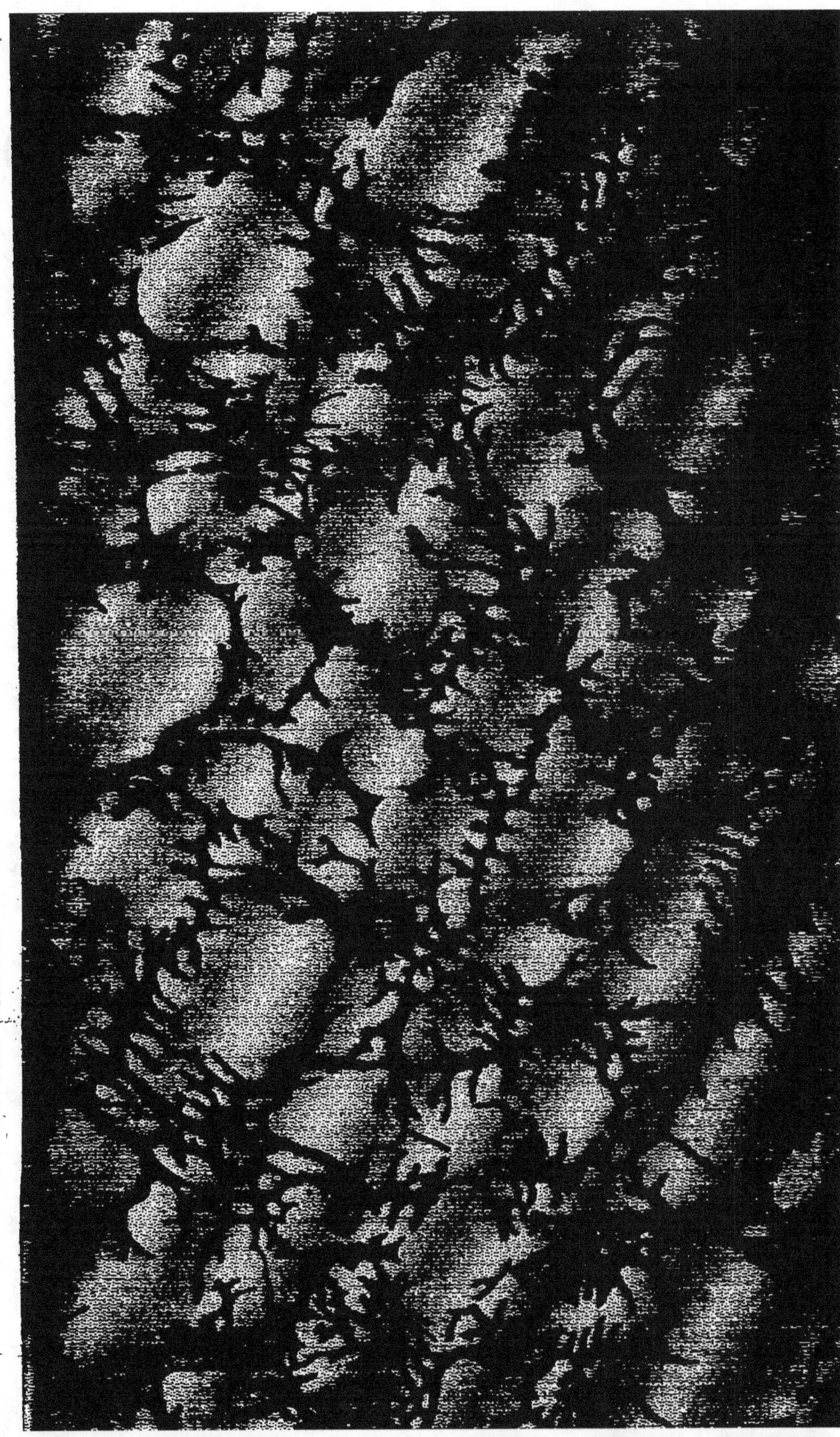

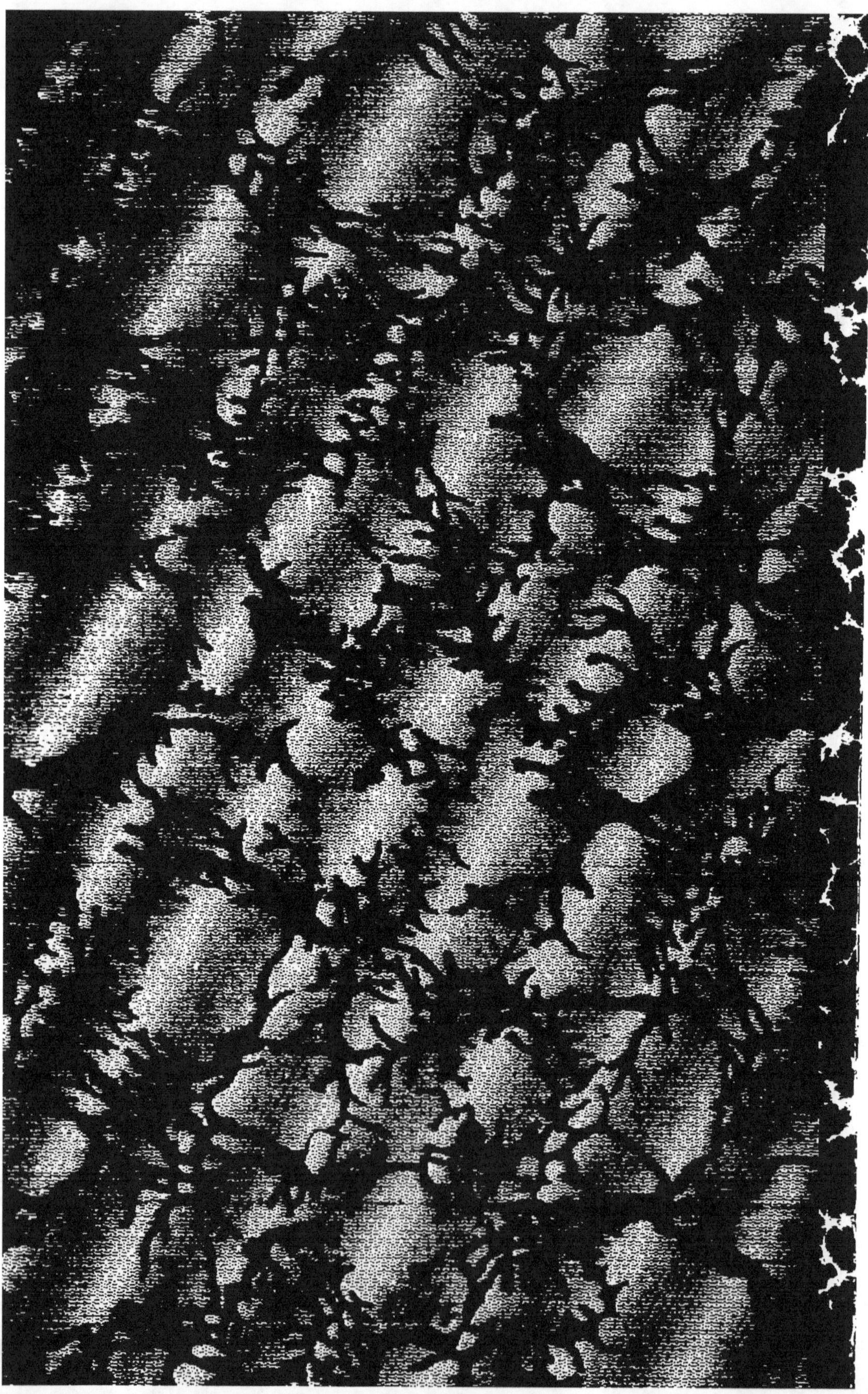

BIBLIOTHEQUE NATIONALE DE FRANCE
3 7531 00272605 8

www.ingramcontent.com/pod-product-compliance
Lightning Source LLC
Chambersburg PA
CBHW051528050726

47595CB00002B/411